华东交通大学

天佑传人

校长奖学金获得者的
成长密码

万 明 肖长春 ◎ 主编

百花洲文艺出版社
BAIHUAZHOU LITERATURE AND ART PRESS

图书在版编目（CIP）数据

天佑传人：校长奖学金获得者的成长密码 / 万明,肖长春主编. -- 南昌：
百花洲文艺出版社, 2021.4
ISBN 978-7-5500-3853-0

Ⅰ.①天… Ⅱ.①万… ②肖… Ⅲ.①华东交通大学 – 校友 – 生平事迹
Ⅳ.①K820.7

中国版本图书馆CIP数据核字（2020）第197613号

天佑传人：校长奖学金获得者的成长密码

万　明　肖长春　主编

出 版 人　章华荣
责任编辑　余丽丽　罗　云
书籍设计　黄敏俊
制　　作　何　丹
出版发行　百花洲文艺出版社
社　　址　南昌市红谷滩区世贸路898号博能中心一期A座20楼
邮　　编　330038
经　　销　全国新华书店
印　　刷　南昌市红星印刷有限公司
开　　本　720mm×1000mm　1／16　　　印张　15
版　　次　2021年4月第1版第1次印刷
字　　数　140千字
书　　号　ISBN 978-7-5500-3853-0
定　　价　40.00元

赣版权登字　05-2020-169
邮购联系　0791-86895108
网　　址　http://www.bhzwy.com
图书若有印装错误，影响阅读，可向承印厂联系调换。

大学的良心

——写在《天佑传人》出版之际

日新其德，止于至善。2017年起，"花椒"学子在校期间的最高荣誉——校长奖学金，其评选（即"闪耀花椒"）从小平台的审核升级为大舞台的PK，从单纯的奖励变成了全面的激励，从看学习成绩延展到看综合素质，从此，"闪耀花椒"成为了"花椒"师生一年一度的青春盛宴。

聆听思想的声音，感受青春的绽放。4年来，每一次我都到现场观摩，全程聆听了79位"花椒追光人"讲述的奋进故事。故事不一而同，但精彩人人与共。李宗霖同学手握5篇SCI论文、5项国家发明专利，奏响了科创的最强音；任琦旋同学坚持扎实验室、泡图书馆，平均学分绩点达到4.2，拼出了求知的硬实力；周步伟同学钻科研、攻诗词，工科学霸走向水木清华，走出了青春的自强路；陈天翔同学每天坚持跑10公里，减肥90斤，燃烧了青春的卡路里；等等。此刻，虽然我无法细数每个人的努力，但我想说，他们都是花椒"最靓的仔"。

盛宴的落幕，往往是骊歌的响起，这些学生都先后从"花椒"走向了更广阔的人生舞台。毕业有期，育人无限，为使更多学生从榜样中汲取奋进力量、明确奋进方向，于是我跟学工处的同志建议，把历年"闪耀花椒"舞台上学生的奋进故事辑录成书，既是记录过往成长，更是传承向学力量。

詹天佑先生作为中国铁路之父，一直是"花椒"师生的卓越榜样，而且这些年，我们对卓越人才培养的探索、对天佑传人的培养，一直都在进行，从"闪耀花椒"校长奖学金评选，到各类优秀学生风采展，从设立詹天佑班、世纪英才班、中铁国际班，到开办茅以升班等特色班级，再到2020年学校成立天佑学院，我们一直在光大天佑精神、培养天佑传人。因此，编者们把这本书取名为《天佑传人》。

我来"花椒"工作快8年了，在办公室翻看这本《天佑传人》，看着"小花椒"们这些年的成长，看他们谈自己的校园生活、聊自己的未来理想，感到前所未有的幸福，于是欣然提笔，为书作个前序。全书共包括4个篇章，一共辑录了43位优秀学生在"花椒"学习生活的故事。第一篇章"做求真务实的交大人"，主要讲述的是花椒学子奋进的故事；第二篇章"怀民族复兴的报国志"，主要讲述的是花椒学子担当的故事；第三篇章"有饮水思源的感恩心"，主要讲述的是花椒学子感恩的故事；第四篇章"走风雨兼程的自强路"，主要讲述的是花椒学子自强的故事。这些故事，有的丰富多彩，有的简单朴素，有的蓬勃充实。在他们笔下，或平铺直叙，或豁达通透，亦或波澜曲折，但无一例外，所有的文字都传递着他们对生命的真诚、对专业的热爱和对未来的期盼。

习近平总书记强调，"高等教育要坚守为党育人、为国育才，培养担当民族复兴大任的时代新人"。对大学而言，就是要坚守大学的良心，回答好"培养什么人、为谁培养人、怎样培养人"的重大命题。作为大学老师，我也经常思考：大学到底要培养什么样的人，是不是只要成绩优秀就够了？很明显，还远远不够。我认为，至少还要在3个方面下功夫：

一是要涵养家国情怀。到高校工作后，我经常会想起近现代教育史上两句经典名言：一句是周恩来总理的"为中华之崛起而读书"，另一句是西南联大的校歌"千秋耻，终当雪；中兴业，须人杰"。他们对国家、对民族、对社会的那份使命感、那种责任感，都阐述了一个道理：读书要胸怀家国天下，要担当民族复兴重任，而不是只想着柴米油盐，更不能只把学识、文凭当成博取名望、当成炫耀谋利的资本。如果我们培养的学生，优秀却自私、成功却偏执、自信却孤僻，那注定只能是个精致的利己主义者。说到底，就是除了书生气、书卷气，还要有些家国情怀，关注社会民生。

二是要注重全面发展。对于"大学"这两个字，我们绝不可厚此薄彼——只看到了"大"，却冷落了"学"。我所理解的大学，除了有名师名家、大师大楼外，也要有"大而学之、博而学之"，同学们要不拘泥于所读专业，不局限于身边师生，不局囿于校园范畴，而要广泛地涉猎、勇敢地探索、谨慎地求证、大胆地实践。按照《高教法》规定的，成为社会主义的建设者和接班人；按照习近平总书记讲的，做到德智体美劳全面发展。

三是要强化不断创新。钱学森先生曾说："所谓优秀学生，就是要有创新。没有创新，成绩再好也不是优秀学生。"在高校界，有一个钱学森之问："为什么我们的学校总是培养不出杰出人才？"说到底，培养不出杰出人才，就是因为学生还缺乏创新精神，学习兴趣和好奇心没有得到有效激发。我们坚守大学的良心，培养担当民族复兴重任的时代新人，同样要鼓励学生个性化发展，引导学生不山寨、少模仿、多独创，着力培养学生的创新意识和创新能力，让学生课堂上争相发言、勇于提问，课堂外积极思考、勇于创新，使"创新"的理念融入血液、深入骨髓、成为自觉。

我经常讲，人才培养是个良心活，这不是讲大道理，而是觉得家长把学生交给我们，学生把前途交给我们，就必须对得起他们。这是大学的良心，也是我们做好各项工作的出发点和落脚点。守好这个良心，既要在学业上解难、思想上解惑，也要在生活上解困、心理上解压，进而不断提升学生综合素质，促进学生全面发展。

寥寥数语，与诸君共勉；不当之处，敬请指正。借此机会，祝每位阅读《天佑传人》的学生或读者，都能找到属于自己的故事，都能实现自己的梦想，都能成为新时代的天佑传人，进而拥有一个美好的青春、一个奋进的青春、一个无悔的青春！最后，让我们一起高呼：青春万岁！

注：文中的"花椒"，是华东交通大学简写"华交"的谐音，系网络语言。

2021年3月于南昌孔目湖

目　录

饮水思源的感恩心

风雨兼程的自强路

求真务实的交大人

天佑传人——校长奖学金获得者的成长密码

去摘，遥不可及的星

张　潇

> **张潇**，女，汉族，中共党员，华东交通大学交通运输与物流学院交通运输（卓越）专业2018届毕业生，2017年华东交通大学"闪耀花椒"校长奖学金获得者。
>
> 2014年进入华东交通大学学习，曾任华东交通大学交通运输2014级卓越班团支部书记、交通运输与物流学院学生会主席、校党委宣传部外宣记者团记者等，多次获优秀学生干部称号、优秀共青团干部。在校期间学习成绩优异，曾获校长奖学金、国家奖学金，三次获特等奖学金，连续三年专业排名第一，两次获全国大学生英语竞赛三等奖，2018年保研至北京交通大学交通运输学院攻读硕士学位。

距离初迈入大学校门，转眼已经过了快六年时间，回忆起在南昌度过的四年时光，有笑有泪，有岔路口的纠结，也有一往无前的勇敢，这是我人生中一段珍贵的回忆，也是一笔无比宝贵的财富。我非常喜欢音乐剧《我，堂吉诃德》中的一句唱段，"去摘，遥不可及的星"，以此为题，回顾一下我的大学四年。

岔路口的思考和前行

我们每个人生活中都要面对或大或小许多选择，大到人生规划，小到选哪一门课，分岔的路口可能殊途同归，也可能就此走向不同的人生轨迹，我大学四年也曾经面临过好多抉择时刻。刚入学的时候我就读的并不是交通运输专业，经过大一一个学期的学习，我发现自己可能并不适合这个专业，而此时恰逢学校提供了转专业的机会，这是我面临的第一个选择。当时我在原专业第一学期成绩很好，有很大希望可以入选卓越工程师计划，在原先的班级也担任了班委，结交了许多朋友，过去的一个学期我非常开心，如果选择转专业，我必须放弃已经在原专业取得的一切，而且，这关系到我后续的职业生涯规划……这并不是一件简单的事，我找了两个专业很多学长学姐取经，对两个专业的特色、学习内容、就业方向进行了对比，经过充分的交流和考虑，我还是觉得自己的学习方式和个人性格特点、职业生涯规划更适合交通运输专业，最后我还是选择了转专业。来到交通运输专业，一切重新开始，我用最积极的心态去面对陌生的环境、陌生的同学、陌生的课程，很快适应了新环境，度过了收获满满的三年半的时光。

第二个重要选择发生在大二学年末学生会换届，我必须在部长任期已满给自己的学生会生涯画上句号和参与竞聘学生会主席之间做出选择。大三学年的学习任务很重，还要面临考研、保研的压力，如果就此离开学生会，我能有更多属于自己的时间，压力也会小很多。当时正值学校院系和专业调整，大量学生干部随之离开运输学院，辅导员叶强老师说："交运专业的学生干部应该在这种时候站出来。"出于责任和热爱，也出于对自我的挑战，我选择了参与换届竞聘，继续留在运输学院学生会。大三那年的压力确实非常大，写不完的作业，做不完的课设，开不完的会，跑不完的活动，但是那一年我的收获和成长也是前所未有的。

在此后漫长的人生中，这可能只是两件微不足道的小事，但从这两件事我明白了一个道理，面对选择，要深思熟虑，要懂取舍的智慧，要有壮士断腕的决心，要有从头开始的勇气，更重要的，在做出选择后，要坚定地走下去。

敢担当，在学生工作中锻炼自己

大学四年，我把大部分的课余时间都花在了学生工作上。

学生会是我最初的梦想，也是我大学第二家园，大一作为新闻部干事，我写了各类活动通讯50余篇；大二担任宣传部部长，我们在完成常规宣传任务的同时还策划了全新的活动；大三作为学生会主席，我同这个近400人的大团队一起，举办60余场各类活动，两次得到国家级媒体报道，服务师生近3000人。从小干事到学生会主席，我与运输学院学生会一起成长，烈日下的迎新岗，风雨中的校运会，朝阳中的升旗礼，秋风中的志愿行，有汗水有泪水，更有收获有成长。印象最深刻的还是2016年的运输学院迎新晚会，那是运输学院成立后的第一届迎新晚会暨表彰大会，意义不言自明，要组织新生和受表彰人员，要敲定流程，要排练节目，要拉赞助，邀请领导老师……当时运输学院第一届学生会主席团乃至整个学生会都是刚刚成立不久，我们在巨大的压力下完成了迅速的磨合，在晚会开始前的最后一周，我每天的日程几乎固定，白天上课，中午同学工老师、主席团汇报工作进度，晚上看节目彩排，主席团开会开到寝室门禁也是常事。那场晚会不仅仅是文艺部一个部门的工作，从晚会的前期宣传、活动赞助、道具后勤到现场秩序维护，几乎整个学生会都动员起来，最终呈现出一场同时兼顾教育意义和娱乐色彩的精彩晚会，并且得到了中国青年网的报道。晚会结束，分管文体工作的副主席，一个北方大男生，站在南区礼堂大厅便落下泪来，运输学院做到了，运输学院学生会和系团总支做到了，我们做到了，所有吃过的苦熬过的夜费过的心思，此刻都意义非凡。

与此同时，在2014级交通运输卓越班成立以后，我还担任了班级团支书。在大学，班级成员之间的关系要比我们的高中时代疏离很多，但是我们班委成员通过举办各类活动，大大提升了班级的凝聚力。一方面结合时代热点，多次组织开展"四进四信"、"反腐倡廉"主题团会、"三走"友谊篮球赛等活动，另一方面为更好地服务广大同学，我们组织了学术沙龙、考研经验交流会，利用课余时间拓展同学们的知识面。在评优评先、推优入党等问题上，我们严格按照规定，做到公开、公正、透明，用负责任的工作态度赢得了同学们的信任。作为交通运输专业第一届卓越班，我班获华东交通大学"五四红旗团支部""十大活力团支部"荣誉称号。在这种集体追求上进的环境中，班级成员成绩优秀，关系融洽，就业率达到100%，我始终为"14交运卓越"感到骄傲。

我知道很多人都对学生会、学生工作、学生干部有偏见，认为学生会是"小社会"，学生工作是"不务正业"，学生干部是"溜须拍马的世俗之辈"，我不敢完全否认确实有这种情况存在，但是在大学四年的学生工作经历中，我认识的更多是一群有责任有担当，有想法有作为的年轻人，我看到的也多是这群志同道合的伙伴们牺牲自己的时间，在别人睡懒觉、打游戏的时候去做对大多数同学有意义的事。

学生组织是什么样的，学生干部是什么样的，更取决于身处其中、身处其位的你是怎么样的，以真心才能换真心，真心做事才能收获成长。不要听别人怎么说，请自己去感受去体验。

生命在奉献中更美丽

在大学，我第一次参加社会志愿服务活动，是作为学生记者跟随学院青年志愿者协会前往南昌市的马家池社区，看望老党员、老红军。学生志愿者们给老人带去了水果和牛奶，帮老人打扫卫生，听老人讲抗战的故事，老人们都非常热情，对于学生的到来，喜悦之情溢于言表。在志愿活动中我感受到了双向的爱，从此我开始更加积极地关注和参与志愿服务活动。在方志敏烈士墓，我们庄严祭扫，寄托哀思，继承遗志；在沐浴阳光安养院，我们同病友玩游戏，表演节目，帮他们晾晒衣服；在乐平市大路边村，我们走访困难户，了解民生，为留守儿童带去文具等礼物……

很难说清社会志愿服务之于我意味着什么，我用自己微薄的力量，在自己力所能及的范围内，给他人带去了微不足道的帮助，一句"谢谢"本便已足够，但除此之外，我又以此为窗口，窥到了社会的一隅，看到了那些少数人的生活，并从他们并不轻松但又充满希望的生活中，汲取到了为己所用的力量。

大学毕业已经快两年了，四年的经历和收获很难在短短篇幅中说清，简单回忆和总结了几点，希望能给站在大学的开端、可能还有些迷茫的你一点启发。

纸上得来终觉浅，绝知此事要躬行，这四年究竟是怎样的，还需要大家亲身去体验。

有始有终，最后还是以《我，堂吉诃德》中的唱段同大家共勉："这命运召唤我启航！狂风吹开我道路，日月照我征途，无论它通向何方，光辉在邀我前往！"

个人答辩，请扫二维码

程序设计竞赛从入门到热爱
致力于编程教育的时代铁路人

侯盛栋

侯盛栋，男，汉族，中共党员，华东交通大学软件学院软件工程+轨道交通信号与控制专业2018届毕业生。

2017年度华东交通大学"闪耀花椒"校长奖学金获得者。2016—2017学年国家奖学金获得者，连续获得校级奖学金、三好学生、优秀共产党员。华东交通大学ACM-ICPC（国际大学生程序设计竞赛）训练基地队员，曾获第42届ACM-ICPC（国际大学生程序设计竞赛）亚洲区域赛铜奖等八项国家级、两项省级竞赛奖项。现就职于大秦铁路股份有限公司。

此生唯一自传，如同诗一般，无论多远未来，读来依然一字一句一篇都灿烂。

思想进步，紧跟党走

在大学期间，要着重培养自己的人生观、价值观和世界观，重视思想的发展。大一的时候我便提交了入党申请书，成为一名入党积极分子，并参与党课的学习。党课使我受益匪浅，时刻谨记党的宗旨，全心全意为人民服务。大二的时候开始担任学生第五党支部的宣传委员，2016年的3月31日支部大会之后，我很光荣地成为了一名中国共产党预备党员，2017年3月已转正成为一名正式党员，现在又以党员的身份走上了工作岗位，作为中共党员的我时时刻刻要起好模范带头作用。共产党员不是一个简单头衔，是思想的先锋，是行动的先锋，是我们这个民族、这个国家蓬勃发展的坚实奋斗者！

学习刻苦，成绩优秀

就读软件学院以来，我将学习放在了首位。四年的大学生涯里，刻苦学习，上课认真听讲并做好笔记，晚上抓紧时间复习白天的功课。同时也花时间提高自身的外语能力，并在大一下学期通过了大学英语四级。在大一期间专业第四并获得了校三等奖学金和校三好学生的荣誉称号；在大二时，专业第五并获得了校三等奖学金和校三好学生；大三时，专业第一并获得了上海微创企业奖学金，并于2017年9月24日通过公开答辩获得2016—2017学年国家奖学金，于2017年12月28日通过公开答辩获得2017年度校长奖学金。与此同时不断激励自己取得更大的进步，努力让自己变得更优秀。感谢学校，感谢学院的每一位老师，为我的学习之路保驾护航！

立足专业，科技创新

虽然学习的是软件+背景专业，但是作为软件学院的学生，我认识到了计算机能力的重要性，不但努力学习专业的书本知识，而且加入校ACM-ICPC（国际大学生程序设计竞赛）训练基地学习算法以及C/C++编程语言，提高编程能力。大一暑假参加北京大学暑期学校，大二暑期留校参加训练，大三暑期仍然留校训练并参加国内顶级算法大赛链家算法大赛。我的努力付出也收获了回报，在大二时，获第七届蓝桥杯大赛C/C++省赛二等奖，2016中国大学生程序设计竞赛中南地区邀请赛优胜奖，大三时，获第41届ACM-ICPC（国际大学生程序设计竞赛）北京站优胜

奖，第八届蓝桥杯大赛C/C++省赛一等奖，第八届蓝桥杯大赛C/C++国赛三等奖，
2017年ACM-ICPC全国邀请赛（陕西）铜奖，大四获得第三届中国大学生程序设计
竞赛哈尔滨站优胜奖，第三届中国大学生程序设计竞赛杭州站优胜奖，第三届中
国大学生程序设计竞赛总决赛优胜奖，第42届ACM-ICPC（国际大学生程序设计竞
赛）西安站铜奖，为学校争光。与此同时也不断夯实自己的专业基础，大二上学
期通过了全国计算机二级，下学期又通过了软件设计师中级。我不断激励自己取
得更大的进步，努力让自己变得优秀。

　　程序设计竞赛是大学的点滴也是全部，代码弹指之间，活跃了思维，发福了
样貌。我是2014年10月15日开始做题目的，这个日子我记得非常清楚，一般磨难
日总会让人铭记！当时参加ACM（国际计算机协会）训练基地组织的C语言入门
学习，我们200多名新生得到了学长们精心的指导，逐步学习一些基础的算法，站
在前人的肩膀上，学习到优秀的解法，异常兴奋，才发现，原来程序设计竞赛类
似于大家熟知的奥数竞赛，是在计算机编程辅助下思维的体操，从此便痴迷于其
中。我顺利通过ACM选拔赛成为一名正式队员，直到2017年12月3日退役，一共编

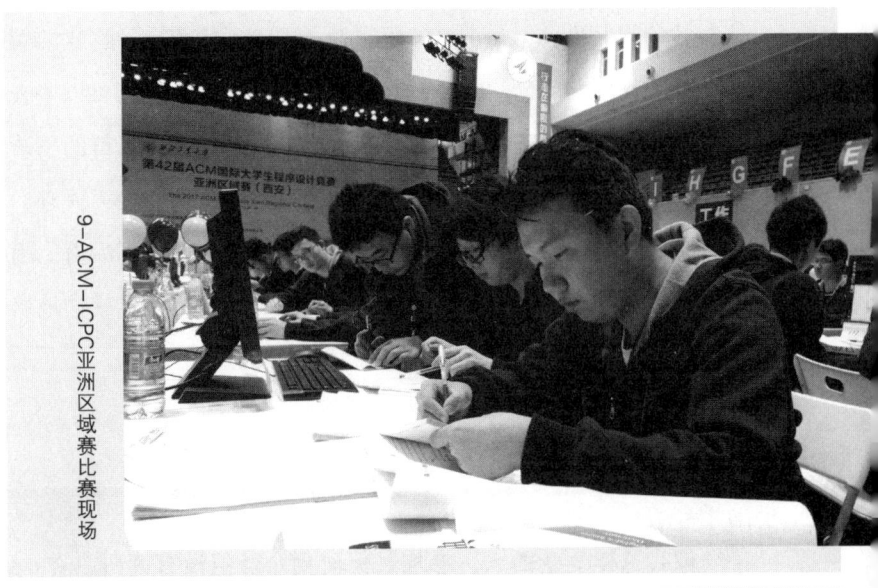

9-ACM-ICPC亚洲区域赛比赛现场

写了2000多道题目，参与了200多场训练赛，三年来的绝大部分周末、节假日都是在训练基地度过的，每周高强度的训练赛我成为创新大楼的守夜人，教练也总是花费自己的时间来指导我们，感谢周娟教练！既然是付出，就会有回报的，只是或早或晚。多次参加线上线下的比赛，有失落有遗憾，但是也有快乐有欣喜，最终获得了多项奖项为校争光。

认真思虑，笃定抉择

程序设计竞赛确实是那些立志从事计算机行业的同学在本科阶段不错的选择，但是我并不是希望所有的同学都去学习枯燥的算法，具体一点的，是希望大家确立一个自己称意的本科重心，换句话说就是你的核心竞争力！例如你就是希望读研或者是保研升学深造，那么就去努力地学习专业知识，刷高绩点，为之后的读研打好基础；你想出国留学，就早早地开始准备托福或者雅思；或者你希望直接就业工作，在软件行业或者是其他某些领域，那么就有意识和针对性地学习相关的知识，要有前瞻意识，主动利用假期寻求实习机会；再或者就是其他的，我不了解的领域。总而言之，找到你最想要的！可能很多同学会像我一样，复杂性特质上线，不知道该如何抉择，或者不知道自己喜欢的到底是什么，好像在大一的时候大部分同学还没有那么笃定的心智。我们可以多去尝试，但是切勿浅尝辄止，初期的时候，可能会很累会很痛苦，因为新鲜的事情太多了，我都想尝试，但是请坚持一下。随着时间的推移，一切都会迎刃而解，大浪淘沙，留下的就是你最热爱的，而且，你不会对你丢弃的东西感到后悔，因为你经历过了，它是不适合的，那就够了！祝愿大家都能有意识地并且成功地培养自己的核心竞争力！

选择就业，延伸价值

像我这样复杂的人，参加过保研夏令营但没有读研，在一线游戏公司实习过但没有入职，最终我选择了国企就业。这样笃定的决定，是经过许久考虑的，最后是在毕业旅行时，在青藏高原上做出了决定。经历得多了，就更淡定了，挑战过了，就会迎接下一个挑战，青春期结束了似的，之后的就一直是成人的世界。你做好准备了吗？复杂性人格会被退化成世故吗？你还能保持本心的爱或不爱吗？这些问题现在都被踩在脚下了，当然只是现在，人不是一直都处在一个斗争的过程中嘛，只不过我现在处于上风！对所有人而言，生活会趋于平淡，但请保持激情，当你认识到生活的本质是柴米油盐但仍有激昂的状态时，你会特别幸福！走上工作岗位，进入新的环境，学习新的知识，体会不曾有过的经历，角色在转变，逐渐适应了工作的状态，积极地发光发热。经过一年的实习锻炼，2019年9月转正定职于太原电务段电子设备车间。现从事信号微机监测，TDCS/CTC等设备维护管理工作。多次前往中国通号参与软件实验工作，保障了管内60多个车站CTC（调度集中控制系统）设备升级项目的顺利完成。除了工作，自己仍然在坚持编程，记得在校长奖学金的答辩中，我曾说希望在未来为中国计算机事业做出自己的一点贡献。现如今，某种程度上算是的，投身于计算机编程教育，在一份稳定保障的前提下，不是因为生计而做自己的事业，而是因为单纯的喜欢，我能做的还有好多啊！我希望自己继续保持对编程的热爱，在铁路行业，在编程教育行业，努力的贡献绵薄之力，延伸自己的价值！

CTC仿真实验

珍惜校园，感恩母校

认真地完成毕设，认真地答辩，认真地拍毕业照，认真地和同学道别，认真地喝酒，认真地留恋学校 。快毕业的那个阶段我把它比喻为翻转牛排的瞬间——远离炙烤的短暂松弛！翻转之后我仍然很嫩，继续经历着更猛烈的炙烤！

看到这篇文字的同学，你好啊！首先恭喜你走进了交大校园，接下来你会有很长的时间在这里生活，你要把这里当成家，珍惜这里的时间、这里的植被、这里的人和这里的智慧，同时你不能过度地依赖这个家，家里会有琐事，会有给不了你的东西！你应当独立，做一个有担当有思想肯奋斗的成员！交大是你我的后盾，是大家共有的标签！

江湖远阔，不忘反哺！

个人答辩，请扫二维码

传承卓越精神，守护理想星空

闫璐瑶

　　闫璐瑶，女，汉族，中共党员，华东交通大学外国语学院翻译专业2018届毕业生。

　　2017年华东交通大学"闪耀花椒"校长奖学金提名奖获得者。曾任外国语学院学生第一党支部支委和2016级翻译专业带班党员。学习成绩名列前茅，获校长奖学金提名奖、国家奖学金、校特等奖学金、一等奖学金等。学业竞赛成绩优异，获大学生英语竞赛全国特等奖，第十八届全国英语演讲及辩论赛三等奖，"中译杯"全国翻译大赛交传总决赛三等奖，"外研社杯"全国写作及阅读大赛江西省赛区一等奖等数项国家级、地区级、省级及校级荣誉。实习实践经验丰富，在校期间坚持积累翻译工作经验。毕业后在专业领域不懈提升自己，获得上海高级口译证书，加入翻译行业成为注册译员，现任外企翻译。

曾经理想如晨星，星空璀璨

　　自踏入花椒校园的那一刻，我便深知，如何规划自己的大学时间，如何确立自己的人生方向，这都是需要在自我督促中逐渐明确并完善的。如果说我对语言的热爱源于少年时期，那么可能是从2014年秋天开始，这颗热爱的小种子才真正得以沐浴阳光、茁壮成长。在大学这样一个充满自主性的环境里，所幸的是，花椒外院给予了迷茫的我充足的梦想养分。至今犹记得进入大学后的第一场presentation（展示），当时尽管准备充分，但由于过分紧张，我对自己的演讲有颇多遗憾之处。那一次的台下，坐着我的第一位基英老师石进芳老师，她在给出客观中肯的评价和颇有益处的改进建议之后，石老师说了这样一句话："你可以试试接触学科竞赛，试着在那条路上，让追求卓越成为一种学习态度，进而成为一种人生态度。"这句话仿佛成了一把钥匙，为我开启了一扇名为"学科竞赛"的大门。

如果说，"英语学科竞赛"的这条道路上充满荆棘与挑战，那么花椒外院代代而出的"勇士"们，便已然为向阳而生但心下茫然的我们辟出了一个方向。在与学长学姐们的交谈中，我逐渐开始明白，这种勇于挑战的勇气和追求卓越的精神，已然成为了花椒外院一股强大的力量，代代传承。而优秀的学长学姐们也从不吝于分享与交流。2010级谢瑶学姐——凭着强大的实力代表交大杀入"外研社杯"全国演讲大赛总决赛——在我尝试克服演讲中多余的语言习惯时，给了我最实用的实践指导；2012级钟辉兰学姐——广泛参与学科竞赛并最终凭借着坚持与毅力在各项赛事中取得荣誉——这位"全能"学姐更是成为我的榜样，在我坚持学科竞赛的路上，在我每每受挫的时刻，给了我坚定的鼓励与前行的力量。

学科竞赛的道路并非一帆风顺，在大一的时候便参与大学生英语竞赛和各项"外研社杯"专项能力竞赛的我，甚至可以说是经历了一段漫长而磨人的历程——屡战屡败，屡败屡战。于是，在大二的这一年里，我不再抱着"必胜"的决心去参与竞赛，而是放平心态，以积累经验为目的去总结反思每次竞赛的得失，从而进一步系统地规划复习时间。将听、说、读、写的内容分散在自己的一周课表空余的时间里，尝试更多地去看有字幕的英剧、美剧，并在电子书里下了大量的英文原著。将学习材料由浅至深分类，将集中训练时间逐步由短变长，从而培养自己的耐力和毅力。学习语言的环境至关重要，那么培养一个合适的训练环境便成为我的第一大目标。在复习竞赛的同时，我也没有放松在实习中积累实践经验的这部分。自大一起，我便定期参与线上商务翻译实践，在实践项目中接触了大量的英文源语文本，为自己扫清语法和阅读理解障碍做了进一步的努力。

　　而对于翻译的热爱与执着，便是在这段历程中更加深刻起来。我逐渐发现，每一次的外出竞赛于我而言都是一次又一次的兴奋与惊喜。在"中译杯"全国翻译大赛交传总决赛前，我的复习状态渐入佳境，因此在口译华中地区复赛与大英赛江西省决赛碰巧凑在一个周末时，我毅然决定，两个都不放弃，全力以赴参赛。尽管疲于赶路，但站在那个口译台和演讲台上，我感到自己仿佛又距离自己的理想近了一步。三天的两场比赛，精神丝毫不放松，充实迎战，这是一场自我战斗，也是花椒外院的坚持——口译辅导老师刘庆雪老师，在前往赛场的高铁上一刻不停地指导着我们口译技巧和应试技巧；一路伴我前行的大英赛辅导老师王宁老师，更是在比赛前后用诙谐的语言帮助我调整演讲状态、叮咛我放平心态轻松上阵。最终，在我们的共同努力下，两场比赛都得到了理想的成绩——以口译大赛华中赛区二等奖的成绩成功闯入全国交传总决赛，并以"赣江杯"口语及综合能力竞赛两项特等奖的成绩获得了大英赛全国总决赛夏令营的入场券。

　　在对自己能力探索的这条路上，老师的指导、前辈的鼓励、我的坚持，也许都是浇筑梦想小树苗成长的重要因素。但我想，更为重要的是，"大学之道""大学之目标"，这是从入校之初就应当努力去探索并明确的。没有点点理想晨星，何来之后的梦想璀璨？于我而言，感恩我的母校，为我构筑了一个属于自己的"交大梦"，让我有足够的机会去尝试并向着梦想努力。

而今逐梦依旧，志气高昂

　　毕业之际，站在人生的另一个岔道口，心下不免茫然。在这个时候，由于在口译培训的实习中偶然间获得了翻译的机会，我便"误打误撞"地进入了自己理想之中的行业，成为一名外企专职翻译。凭借着在学校期间实习和竞赛之中积累的基础，适应期的训练并没有给我造成太大的障碍，相反地，由于与自己梦想的契合，这给予了我又一份欣喜与憧憬。

　　而这份欣喜的背后，似乎又蕴藏了一股前所未有的责任感。"我对梦想的理解是什么"，"我对职业的感悟又有多深"——校园时期的我似乎从未提起诸如此类的问题，但今天，渐入职场，我却又总是情不自禁地陷入思索。一个翻译项目的完成，数千数万字的文本之中，容纳的又何止是我一个人的梦想呢？一个项目的成功，联结了两个城市的纽带，依托着两个国家的希冀，又更添一抹合作并进的绚烂色彩——直到此刻，我才真正明白，这个梦想中的职业，在"希冀"和"责任"的陪伴下，是多么深沉而可爱。作为中国经济与世界经济并轨过程中一个平凡而努力的同行者和见证者，我似乎又一次感受到了践行理想的使命感和责任感。曾经的我，为了成为一个"理想"中的我而奋发努力；今天的我，为了成就并见证一个"理想"的社会，自信地贡献着自己微小却坚定的光芒。

于是，追寻并守住自己这份梦想与向往，便成了我新的努力方向。我深知，无论何时何地，能力的提升必不可少。如果说在学校中的磨炼以广度为主，那么工作中的实践便会更多地以深度为方向逐步发展与提高。在工作实践中，我将面对较多会议口译和工程笔译的工作需求，为了提升自己的专业领域词汇量、掌握更为灵活的翻译技巧，我定期进行词汇巩固，并以考证为激励，保证自己在工作之余的复习量。在这一点上，自我的督促与坚持便尤为重要。所幸，见证了梦想的价值之后的我，心中更觉明亮，努力的脚步便也更加坚定起来。我们必然会看到理想中职业的光芒万丈，但也需要去看到它背后应付出的努力。守住这份职业的神圣感，守住职业背后的社会责任感，守住那个为之努力的自己，莫忘初心，昂扬进取，我想这是每一个职场人都应当坚守的本心。

时至今日，"坚持学习，不懈进取，积极阳光"——当年在校园学习竞赛和梦想探索中积累的经验，依然颇为受用。校园中的一切，是积累，是养分，在我感恩的母校、恩师、前辈和自己的精心呵护下，梦想的种子终于含苞待放。但它是否能最终开出绚烂的花，我想决定权依然在我的手中，握在当初那个以梦为马的少年手中，也握在如今这个不负韶华的青年手中。

我很喜欢这样一段话，颇有意趣——"我们因梦想而伟大，所有的成功者都是大梦想家：在冬夜的火堆旁，在阴天的雨雾中，梦想着未来。有些人让梦想悄然绝灭，有些人则细心培育、维护，直到它安然度过困境，迎来光明和希望，而光明和希望总是降临在那些真心相信梦想一定会成真的人身上"。成为那个从一开始就怀揣期待、执笔画梦的人，成为那个在过程中不忘本心、守望梦想的人，成为那个在梦想的道路上不迷失自我、依旧锐意进取的人，我想，我需要做的还很多。足以慰藉的是，花椒力量始终伴我成长。

　　亲爱的花椒学弟学妹，如今的你们又站在了与我一样的起点上。我想，当初那个虽然迷茫但目光炯炯的我，必定也是你们现在青涩可爱的模样。请不要慌张，相信自己，相信花椒，相信心中的"交大梦"，花椒力量同样伴你成长。

个人答辩，请扫二维码

日月兼程，务实求真

王明晟

王明晟，男，汉族，中共党员，华东交通大学软件学院，软件工程+电气工程专业2018届毕业生。

2017年华东交通大学"闪耀花椒"校长奖学金提名奖获得者。在校期间担任班级班长、学习委员。本科四年每学年专业成绩均名列专业前两位，且均获得较高等级奖学金：大一学年获得校一等学业奖学金，大二、大三、大四连续三年获得校特等奖学金。英语四六级均一次性通过；经常参加各类课外学术科技竞赛与创新活动，获得国家级以上奖项四项，三项比赛中均担任队伍队长，另外一项软件著作权（原始获得）为唯一申请人。在校期间获得2017茅以升铁道教育希望之星奖、国家奖学金、国家励志奖学金等奖项。目前在香港大学攻读计算机专业硕士研究生。

兴趣，也要全力以赴

荏苒时光的起点总是让人无限留恋。2014年的8月31日，我来到了这个之后让我热爱了四年的校园。偌大的山水学园让我痴醉，和蔼敬业的老师和周围真诚热情的同学更是让我庆幸选择了这里，而我也开始思考我能在这个校园里做些什么对我四年之后毕业时有益的事情。很快，在高中就曾经主持过学校文艺会演的我被学校和学院举办的各类文艺竞赛与活动深深吸引了，并积极主动地参与了进去，获得了软件学院第十一届主持人大赛第一名、软件学院"感动春天"诗歌朗诵比赛第一名，并获得了学校2014年校英语演讲比赛三等奖、2014年校英语配音比赛三等奖。这些活动丰富了我学习之余的生活，也让我结识了许多志同道合的同学。

凭借比较出色的演讲能力，我成功通过竞选成为了班级的班长。大一这一年的班长是很锻炼人的，因为要协助辅导员老师或者独立开展并完成各项针对大一新生的活动和调查，加上自身参加的活动较多，同时又要兼顾学业，可以说当时就像一个陀螺一样忙个不停。而如今看来，这些经历收获最大的是对他人不同性格、不同要求的包容以及自己自信心的增加——面对学生工作，求真务实的态度也是非常重要的，只有脚踏实地，处理好学生们的每一个需求，才能最高效率地完成所有任务。我开始相信自己能够应付多样不同的事务了，这对我后面的学生工作与学习的展开都有大的益处。

对待学术与学生工作，务实求真

进入大二之后，专业基础课的增加和年级的升高，提醒着我们应当，甚至必须更加重视专业的学习。凭借大一在工作之外时间的刻苦学习，我专业排名和综合测评排名均是第二，并获得了2014—2015学年的一等奖学金和当年的"校三好学生"称号。

为了能在学习上更多地帮助到其他同学，我主动担任了班级学习委员的职务。作为学习委员，踏踏实实地帮助同学们解决问题，才是合格的。我经常和任课老师沟通，协助老师完成教学任务；向同学们反馈老师会增加和变化的课程要求，同时在课下积极与同学们沟通、交流学习的问题并争取能及时地与任课老师反馈同学们的学习状态；就课业和同学们互帮互助。在大家的共同努力下，我担任学委的班级的挂科率在专业的三个班中一直是最低的。

此外，在大二上学期12月份的时候，我参加了学校举办的期末辅导班学生教师的活动，专门辅导软件学院大一同学高等数学的课程。为期一个月左右的时间虽然短，但能认识更多学习刻苦的学弟学妹，并把自己之前的学习经验拿出来交流，这让我很有成就感。

我在思想上积极进步，总力争成为同学们眼中严于律己的榜样，我于大三下学期成为预备党员，事实上，我从递交入党申请书之后，便以一个党员的标准来要求自己。

我自己始终把专业学习当成第一要务，不敢有丝毫懈怠。在自身的努力和老师与同学们的指导和帮助下，我也取得了比较理想的成绩：大二学年专业排名第二，综测排名第一，获得了大二学年的校特等奖学金，同时获得了国家励志奖学金，获"校三好学生"称号。大三学年专业成绩排名第一，再次获得校特等奖学金。

作为在学术上有所抱负的同学，我也总是把学习和参加相关科技竞赛作为更加宝贵的经验。

在2016年，我和本专业同学一起组队参加全国大学生数学建模竞赛（由于学术能力有限，参加这类比赛，我们大多只能根据前人所总结的固有模型，或者在前人的模型上有所创新来解决现实中的问题），我们根据现实经验提出了行车流量、通行速度、行车密度、道路占有率、道路顺畅程度这五项指标来衡量周边道路通行的状况，之后用基于MATLAB的模糊综合评价这个经典方法建模，作为队长我担负起了全队建立和实现模型的任务，最终获得了江西省赛区二等奖。

在2017年寒假，在许多同学经过了期末考试，准备回家放松和家人团聚的时候，我又找到了学校的两位同学，准备在这年的美国大学生数学建模竞赛（MCM/ICM）上奋力一搏。那时候学校已经放假了，食堂的伙食也与平日无法相比，严寒甚至让人难以忍受。但是为了心中的目标，我们三人选择了默默地坚持。我们的题目是交叉学科（ICM），任务是在机场安全检查站对乘客吞吐量进行优化。我们也走了一些弯路：是选用LTAX作为论文编辑器，还是选用排队模型或普通的先来先服务模型；我们自己优化的模型在论文中应当如何体现；等等。最终我们使用了广义Petri网来创建整个机场的安检情况，分析的时候使用了马尔科夫链创建图，用编译原理的进程方式模拟游客在排队时候的通过情况，用MATLAB计算出了游客在整体过程中拿行李占用的时间最长。在优化排队过程中，我们利用了虚拟队列理论（virtual queuing theory）和动态优先权值（DPS）的排队理论，并就建立的这两个模型中不同国家的人进行了敏感性分析，并提出了我们的建议。我在其中主要负责DPS模型的建立和实现。最后将全文翻译为英文。整个竞赛中，我们分工明确，互相鼓励。四天三夜的竞赛，我们经历了两次通宵，终于在比赛结束之前完成了所有的论文任务，最终获得了二等奖。之后我们还接受了校报记者的采访，和他们分享了我们比赛的心路历程与收获。

研究生生涯的塑造

在2018年秋季，我来到了香港大学攻读计算机硕士专业。在人才济济的校园中，我积极参加学校的各种学术实践社团和讨论小组，在高手云集的专业中，我不卑不亢，踏踏实实完成老师的每一个任务，并在课上细心记录老师所传授的几乎所有细节。或许我自己没有发觉，但是本科在交大养成的务实求真的习惯，已经深刻地影响了我的一言一行。

在港大的学习过程开始阶段异常艰辛，因为选择的课都是往届学长学姐"有口皆碑"的难课，比如恶意软件分析、云计算等，经常要熬夜到凌晨2点多；因为周围同学和室友都是同济大学、南京大学等双一流高校中名列前茅的同学，我在行进过程中从他们身上也感受到了压力，当然也有动力。通过努力，我顺利完成了大部分课程，并且取得了不错的成绩，也在很多活动和课程组队中和很多专业小伙伴们结下了深厚的情谊。

务实为民族企业做贡献

研一暑假，通过笔试面试的筛选，来到了华为公司公共开发部进行实习，负责NCE（网络云化引擎）基础研发部下一代上容器的微服务的预研工作。预研

DocKer（应用容器引擎），K8s 以及华为自研 PaaS（平台即服务）平台。解决应用发布流程问题，研究 Docker 网络模型，设计组网方案，输出四十篇文档和十余个容器应用案例，获得了组内同事和带领我们的高级工程师的较高评价，也为那个部门预计的在今年开始的微服务迁移工作做出了比较突出的贡献，收获很大。

交大结伴，让务实求真成为一种习惯

时间在逝去，我们在校园中不断长大，直到即将离开。我们将要担负起对自己、对父母，乃至是对自己家人的责任。在校园中为了学习知识只争朝夕的热情和精力，或许在不久的将来，甚至短短几年后，就不得不被生活中的琐事所削弱或分散，但我如果回想起过往，回想起我曾经黄金的四年都是在一所美丽的校园里，和一群志同道合的同学、循循善诱的老师一起度过，我会感恩交大对我的馈赠；我又曾经那么踏实努力地对待自己的专业学习，不遗余力地强大自己，为自己日后的职场和生活尽心尽力地做着准备，我又会无比珍惜我之后所得到的一切。毕竟，谁的青春都会逝去，努力做出过最让自己没有遗憾的选择，这一段人生便已经有了属于它的意义。

个人答辩，请扫二维码

不负青春也不负自己

李艺蕾

　　李艺蕾，女，中共党员，华东交通大学艺术学院音乐学（器乐）
2018届毕业生。

　　曾任艺术学院学生会中心主席、党员管理中心主任的职务。在校期
间成绩优异，曾获校二等奖学金、三等奖学金、赣能奖学金、文学艺术
奖学金、校长奖学金提名奖。曾获第十二届世界青少年艺术节香港总决
赛金奖、江西省民族器乐大赛一等奖等专业奖项。积极参加院级、校级
活动，多次代表学校外出演出，曾多次获得三好学生、优秀学生干部、
三下乡先进个人等荣誉称号。

坚持与传承

　　"坚持"两个字说起来实在是太容易了，但是我相信一定不会有很多人觉
得坚持是一件容易的事吧？我记得在很久以前，我的专业老师带着我看了一部电
影——《霸王别姬》，当然这部电影也成了我的最爱，这部电影里有一句话深深
地刻在了我的脑海里：要想人前显贵，必将人后受罪。是的，我作为一名艺术
生，太懂这里面的辛酸，同样的一句话，"台上一分钟，台下十年功"，也是听
了无数遍。我想这两句话映射的都是同样一个定律，那就是一万小时定律，他的
意思是说一万小时的锤炼是任何人从平凡变成专家的必要条件。一万小时定律对

应的就是坚持了吧。你问我坚持做过什么？我用了一万小时的三倍有余来学习一门乐器。正是这一份坚持，让我懂得了坚持的不易，也让我学会了如何坚持。在大三的时候我获得了第十二届世界华人青少年艺术节香港总决赛的金奖，在准备比赛的过程中，我遇到很多困难，但是我能迅速地调整自己的状态，我会在琴房待上一整天可能就只是练一个小节或者是某一个技巧，因为我懂得扎实的基本功是成功的第一步。

"较真"这个词看上去好像是一个贬义词，但是在学习艺术的道路中是一定需要一份较真的，要对一个总也拉不准的音较真，要对一个总会拉错的乐段较真，要对一个很难的技巧较真。琴房里一天又一天的较真使我更加沉稳，注意力更集中。慢慢地我看到我拿到的奖项让我觉得"较真"有时候也不一定是一个贬义词了。也正是这一次香港之行，让我感受到了咱们中国民族乐器的现状并不乐观，有很多人认为民族乐器不如西洋乐器高端，有很多外国友人不认识咱们的民族乐器，从那时开始我也默默地想要尽自己一点薄弱的力量去改变这个现状。现在我也是一名兼职的对外汉语教师，在教授外籍人士汉语的同时我也加强了中华民族的文化输出，经常给他们演奏我们的中国民族乐器，讲述中国民族乐器的由来和中国戏曲文化等中国传统文化，让更多的人了解中国文化、中国的音乐。我一直坚信，民族的就是世界的，让世界听到我们的声音，尽自己最大的努力做一名中国文化传播者、传承者！

如果想获得果实，那就请坚持，哪怕是从一件小事开始，1个月不行那就半年，半年不行那就一年，我相信在坚持的道路上一定不容易，但是你走过了那段最艰难最孤独的道路后，成功的曙光，属于你。

不忘初心是成长道路上的良方

如果问我在大学5年做过的让自己觉得最明智的决定是什么，我的回答是，在大一时决定加入学生会。大一时，我是院学生会文艺部的一名小干事，大二时我是文艺部的副部长，大三时我成了院学生会的中心主席，大四时我担任了学院学生党员教育管理中心的主任。我在大一时加入院学生会文艺部的初心可能和大多数同学加入学生会的初心不一样，我当时的想法很简单，就是想在大二的时候能留下来，可以在来年迎接新生，为学院举办更多更好的活动。现在回想起来还觉得这个理由有点好笑，但是就是这一初心鞭策着我让我做到事事有回应，件件有着落。在大一当干事的一年里我有想过放弃，但是经过这一年的锤炼对于我人生有了非常大的启发，让我懂得了不能急于求成，要沉着、扎实做事。年纪小的时候内心难免浮躁。总觉得自己能把所有的事情做好，简单的事情是不用去做，但是经过了大一一年当干事的经历让我知道了，浮躁的内心并不能让我得到自己想要的，而扎实做事的决心才可以。

其实我在最开始接任学院党员管理中心主任这一职务的时候，我的内心是非常焦虑的，因为学院以前从来没有开设过这样的职位，这意味着我将做这个开头的人，那么我真的能做好吗？我用了两天的时间来梳理工作和调节情绪，后来就全身心地投入到了工作中。因为是第一次，所以要整理和编写的资料非常多，我和我的小伙伴就在办公室一整天、一整天地编写材料，请教老师，组织学院党员活动和各种会议，终于在我和小伙伴的努力下把学院的学生党员教育管理中心弄得初具形态了。

大学5年，我做了4年的学生工作，每一年都有不一样的目标和任务，在这个过程中也有过烦恼、困难和想放弃的时候，是每一年的我给自己定下的目标和自己当初的决心让我走过了这一段又一段的路程。我在遇到困难想放弃的时候我会问自己当初选择做这件事的初心是什么，现在我做到了吗？有时间自我难受倒不如想一想，要办的晚会物料准备好了吗？办公室要整理的文件审好了吗？静下心来想一想，不良的情绪也就没有了。不忘初心是我成长道路上的良方。

世界那么大，你一定要去看看

我从来也不是一个"老实"的人，所以大学5年我也不甘于在校园里老老实实地上课和工作。为了积累自己的社会实践经验和减轻家中经济负担，我从大一开始就在做兼职，但是后来发现，兼职的工资不高，并且占用的时间成本非常大，所以到了大二下学期的时候我决定转变自己的思维，用存下的钱在财大承包了一家琴行，从刚开始的装修布置、物料采购到后面的老师招聘和宣传广告，每一步都是亲力亲为。第一次接触创业，很多不懂，只能一点点地摸索，结合之前在琴行打工的经验一步一步前进。从琴行开业的第一天我就没有了周末，每天都穿梭在财大与交大之间，刚起步招聘不到老师，就自己上，最多的一天从早上8点上课一直上到了晚上9点，当时最大的感触就是时间不够用，也并没有觉得辛苦和累，只是坚信没有达到自己的预期绝不放弃。后来通过不到一年的时间，赚到我的第一桶金，元旦我带着父母一起去了广州，看着父母的笑脸，知道了什么是值得。

大三是我最忙的一年。学校里有学生工作，外面有自己的琴行，两边的事情使我无法聚焦，所以我决定把琴行承包出去了，认真在学校做学生工作。但是我心里创业的火光一直没有灭。大四的时间变得充裕了起来。内心创业的火苗又蠢蠢欲动了，同时也萌发了想看看这个世界的想法。我拿着之前的存款，自己跑去广州找货源、谈价格，拿了一批水晶、珠宝半成品，自己做起了饰品的小生意，也通过自己赚的钱去了曼谷、深圳、香港、北京、天津等十多个城市。后来发现自己的眼界宽了，心态变了，也成长了。其实这种通过自己努力获得自己想要的东西的感觉真的很棒，身体和灵魂一定要有一个在路上，自信一点，其实我们可以做到身体和灵魂都在路上的，世界那么大，能有什么可以阻挡你去看一看的呢？

回想在花椒的5年，我没有任何遗憾，只有不舍。我感谢老师的教导，感谢学校给我一次又一次演出的机会，感谢同学们配合我的工作，也感谢自己的努力，自己的认真，自己的不老实。没有花椒的5年也不会有我现在在职场上的自信与从容，也不会有现在敢独自接手新项目的勇气。时间很快，人生很短，也只有一次，我们每天都在做着各种各样的决定，每一个决定都将影响我们终身，没有绝对错误的决定，只是我在做每一个决定的时候都会想着要做一个一定不会让自己后悔的决定，这样才不负青春、不负自己。离开花椒后，作为一名花椒人，我会继续努力，继续加油，希望有一天能为花椒奉献出自己的一份力量。

个人答辩，请扫二维码

路那么长，不着急

季鑫霖

季鑫霖，男，汉族，中共党员，华东交通大学土木建筑学院桥梁工程专业2019届毕业生。

2018年华东交通大学"闪耀花椒"校长奖学金提名奖获得者。曾任土木建筑学院2015级土木8班班长、土木建筑学院学生会副主席等。学习成绩连续三年专业第一，获国家奖学金、校长奖学金提名奖、校特等奖学金及校一等奖学金。连续三年获得"华东交通大学优秀学生干部""华东交通大学三好学生""'三下乡'先进个人"等荣誉称号，现已保研至北京交通大学继续攻读硕士研究生。

迈过了高考这道坎，结束了无忧无虑的假期生活，你成为了一名"小花椒"。在这里，一切都还习惯吗？

想必这几天，乃至接下来的几个月里，你都将听到这样的话：

"一定要面试一下学生会，来这边锻炼锻炼""来我们社团看看吧，对你有帮助的""努努力，争取拿个奖学金，学习千万不能懈怠啊""四六级早点过吧，很重要的""计算机二级要提早准备啊""趁早在大学里谈个恋爱吧"……

听到这些话，你是怎么想的呢？

"不能输在起跑线上！"相信大部分同学都是这样想的。刚开始新生活，大家都摩拳擦掌，迫不及待地想大干一场。"别人走，我就要跑！我要做出一番成绩来！"

要我说："别着急。"

三万五千个小时，别急着跑

怎样过好大学四年？假如这是一道试题，那么标准答案是：抓紧时间，认真学习，积极参加课外活动，多考证、多运动，为找工作或者考研做好准备。

大学四年的经历告诉我这个答案非常正确。但是标准答案怎么抄？什么时候抄？答卷怎么交？也是难题。

四年前刚进入大学的我，顺利当选班长，加入学生会和社团，努力学习，积极参加学生工作，入学一月顺利拿下数学竞赛一等奖，入学一学期成绩专业第一，入学一年获得国家奖学金。随后三年内，我参加各类活动数十次，撰写稿件近六万字，获各类奖项近五十项，并顺利保研。

这份答卷得分怎么样？我给它打八十分，不差，但也不够好。为什么？标准答案抄得太急了。

你们早起路过孔目湖或者逸夫楼时，总能听到明德社的同学们在朗读《论语》，一读就是大半个小时。我曾经想过，这不是浪费时间嘛，起这么早多背点单词多好。

但当我发觉国学经典的精髓之后，我的想法转了个大弯。孔子说："无欲速，无见小利。欲速则不达，见小利则大事不成。"这虽然是处理政事的箴言，但用在我的身上也一样。

复习半个月，参加考试得了高分，值得庆贺，但是学的知识不扎实，在实际中经不起检验；学生工作遍地开花，但是涉及的面太广，都是浅尝辄止；太渴望成绩，容易导致错过真正有意义的人和事。

现在的社会，大家都做百米冲刺。"一周学完高数""17天背完GRE（美国研究生入学考试）单词""一个月学会Python""一年过CPA（注册会计师）六科"，诸如此类的字眼在我们生活中层出不穷，大家都梦想着自己能成为那匹脱颖而出的黑马。可没承想"脱颖而出"之后，一遇到风雨冲刷，黑色掉色了。

著名的"90后"科学家袁隆平，将毕生的心血倾注在杂交水稻的研究上。90多岁的他，仍然心系百姓。正是因为他一生的专注，才铸造出"杂交水稻"的奇迹；正是他90多年的积淀，才使他的梦想铸就。

四年大学时光，有35040个小时供我们积累和沉淀，而现在该做的，就是找准这四年的目标，脚踏实地地前进。

这三万五千个小时的大学路不是长跑，更不是冲刺，前期速度过快容易导致后劲不足。这是一段需要我们自己慢慢走的路。尽管路旁不会瞬间"两开花"，但请别着急，景色会越来越美的。

路很长，但别走窄了

这个快速发展的时代里，大家的目的性都很强。发财是工作的终点，工作是学习的终点，结婚是经营感情的终点，但这一切将变成自我进步的终点。

这种目的性在大学里也不例外："老师，考试重点是什么啊？""你就说解题步骤吧，理论推导我记不住。""学长，我该做些什么？""这个知识我又用不上，为什么要学？""跑步多累啊，不去！"……

这些话我这几年没少听，总结一下就是：不属于自己专业的知识不去了解，不属于考试范围的知识不学习，不属于自己分内的事情坚决不做，不立竿见影的事情不做。久而久之，路走窄了。

或许学习写作并不能让你的高数考高分，常跑步并不能帮助你获得奖学金，参加学生工作并不会使你惬意无比，但这些必定会使你的能力越来越强，眼界越来越广，路越走越宽，越走越顺。

大一时，我在学生工作中接触了写作，表达能力由此提高；

大二时，我参加了接待外宾的工作，意识到了英语的重要性，三年后，我可直接使用英文获取一手资料，与外国专家对话；

大三时，我作为志愿者参加了学术会议的筹备工作，认识了业内的一批专家，扩展了见识；

大四时，我参加研究生推免，认识到了更多优秀的同学，也为自己的未来做出了规划。

身边的许多同学，积极参加学生工作，能力突出，在校招、公务员招聘中表现出色；许多同学积极学习专业知识，同时广泛涉猎其他领域的知识，在深造过程中取得了优异的研究成果；许多同学培养了自己的特长，在工作岗位上和深造过程中大放异彩。

我曾告诉自己：不设限，不放弃，不拒绝。

不为自己设置种种标准和限制，以当作放弃的托词；不轻易放弃自己设定的理性目标，并且为之努力；不拒绝任何成长和学习的机会，不断提高、进步。

能力越强，路越宽；机会越多，走得越远。所以，人生路很长，要越走越宽，越走越扎实。

长的不是路，而是情

进入大学，大家开始思考：会不会挂科？生活费够不够用？工作好不好找？当然还有，感情深不深？

站在现在回头望去，四年其实挺短的，但是里边蕴藏着的感情令人回味无穷。

毕业前夕，辅导员赵小瑞老师请我吃饭。这是一件很出人意料的事情，本该由我请吃饭的老师请我吃了饭。

第一次见到赵老师是在入学报到当天。我走进赵老师的办公室，他见到我来了，十分和气地让我坐下，给我留下了非常和蔼的印象。

那天，赵老师和我聊了很多，从家乡到学校，从高考情况到大学规划，从兴趣爱好到生活习惯。后来，在他的鼓励下，我竞选了班长，参加了学生会，端正了学习态度，改良了生活习惯。其间，每当我遭遇困境踌躇不前时，赵老师总会帮我分析问题，找准方向；当我取得好成绩时，赵老师也会鼓励我戒骄戒躁，继续努力。

在毕业前的那餐饭上，赵老师对我说："这几年在班级管理上面你帮了我不少忙啊，所以今天要请你吃饭。"还说："毕了业可别忘了我啊。"

毕业季里，谁该请谁吃饭，谁该感谢谁显而易见。赵老师"不合常理"请客，"别忘了我啊"才是真正原因。"感恩""重情"，赵老师给我上的这最后一课令我动容，难以忘却。

前三年忙着埋头向前冲，"绩点、保研、获奖证书、论文"是我的主旋律，大四回首望去，前三年忙于学业，似乎缺失了很多积淀感情的情节。

大学就是一个小社会，班级就像一个大家庭，大家相互交流、理解、帮助、成长。如果过于忙碌，过于执着地向前走，往往会使尤为珍贵的感情随时间悄悄流逝，使感恩和致谢的机会随风飘走。

在我的毕业设计的最后一页的致谢部分，我写了近千字的致谢词。在我这份最后的作业里，我感谢了每一位陪伴我、引领我的老师，感谢了每一位帮助过我的同学，感谢了"花椒"给予我的成长，感谢了父母对我的支持，感谢了坚持成长的自己。

在毕业典礼的发言上，我提到最多的词仍然是感谢。因为回望过去，慢慢清晰起来的，总是那些令人欢喜、痛苦、感动的情感。

所以，刚入学的你们，请在年轻的岁月里，珍惜你们即将与"花椒"碰撞出的感情。因为，路很短，情才长。

下一站去哪，你想好了吗

毕业前一周，我和一位德高望重的老师当面交流。他了解到我即将毕业时，笑着问我："你的下一站是哪？"

四年时间匆匆过，前途漫漫仍无期。咱们都年轻，都吃不准未来的模样。但是人生必然是一站接着一站的旅程，那么刚刚到一个新站点的你们，想好如何驶往下一站了吗？

交大的校训是"日新其德，止于至善"。你们所在的这所学校，是每一天都要进步，不断探索的象牙塔。作为一名"小花椒"，我们必然要回答这个问题——下一站怎么走？

大学四年是一段五彩缤纷的时光，困扰和惊喜总是以令人意想不到的方式出现在面前。如何在挫折和逆境中找到前行的方向，也是大学的必修课。

白岩松曾经分析过，刚进社会的人有三种表现，第一种人发现了社会的险恶，转身消极回避；第二种人发现前途茫茫，站在社会的泥潭中自甘被吞噬；第三种人在失望与痛苦中挣扎，但仍一步一步坚持着。这个分类对于大学生们也很适用。

我想说：请做第三类人。

2018年秋天，原铁道部蔡庆华副部长来交大座谈交流。其间有同学希望他能给出一条最有价值的建议。蔡副部长以自身经历勉励在座的同学们，他说："我是从技术员干起来的，每到一个岗位，我就认真地提高自己。你们也要这样，学习的时候基础要打牢，工作的时候要从基层干起。"

"打牢基础"，这是通往大学下一站的车票。未来有很多条路：就业、考研、出国、创业、选调……但走向未来，只有扎实学习，不断进步这一条路，坚持下去，下一站正在向你招手。

所以，当你现在被问到"你的下一站是哪？"，你可以回答"前方"。

当你四年后被问到"你的下一站是哪？"，你将会听到回答"真棒"。

很早之前，我们国家的发展策略是"多快好省"，又多又快是重点；进入新时代后，我国的方针变成了"又好又快"，"好"字被提成重点。

高质量的发展才是国家所需的，同样高质量的成长才是我们所要的。

大学四年里，我绕着田径场跑过了数千圈。每次跑步时，总有人快速地超过我，但很快又累得停了下来，被旁人超过。

从短期看，短跑的人很出色；从长期看，长跑者才能跑向远方。

所以，希望即将起跑的你们扎实前进，摒弃焦虑，以一名长跑者的姿态，"又好又快"地向未来出发！

个人答辩，请扫二维码

不想当主持人的学生会主席
不是一个好的双创达人

白惠文

白惠文，女，土家族，中共党员，华东交通大学人文社会科学学院法学2019届毕业生。

2018年华东交通大学校长奖学金获得者。曾任人文社会科学学院2015级法学2班团支部书记、华东交通大学花椒先锋党员志愿服务站副站长、人文社会科学学院学生会主席等。学习成绩优异，获校长奖学金（校长直通票）、校一等奖学金、二等奖学金及三等奖学金。获第十六届"挑战杯"国家一等奖、2018年"创青春"浙大双创杯全国大学生创业大赛铜奖、"互联网+"江西省创新创业大赛铜奖。多次主持省校级活动，获得"华东交通大学优秀学生干部""华东交通大学社会工作奖""优秀志愿者"等荣誉称号，现已保研至本校继续攻读硕士研究生学位。

坚持兴趣爱好，向阳而生

"人的一生中，必须有一样，不以此谋生的工作！"这句话是我上大学之前偶然在一个论坛上看到的，当时即被这句话所打动，也随即确定了要培养自己的个人兴趣爱好的目标，让生活多少有些意义。我从小就喜欢主持，到了大学之后也有了更多的机会锻炼自己。刚到大学，组织了班级的中秋晚会，当时场地简陋、节目简单、观众人数不多，但是看到班上同学们的笑脸就感受到了作为一个主持人的快乐。后来参加了学院的主持人大赛拿到了亚军，也明白了一个好的主持人应该具备全面的素质、丰厚的知识储备、灵活的应变能力。为了拓宽视野，增长见识，我每个月会定好阅读计划，平均每年阅读30本名著，每周末会到操场上练习发音不断提升自己。从学院晚会到校级活动，再到大三暑假主持了"全国互联网+""红色筑梦之旅"赛道训练营开营仪式，每一次的机会都难能可贵。记得最难的一次是主持"闪耀花椒"校长奖学金答辩，当时时间紧、要求高，也正是这样的高压环境让我更沉着稳重，这样的过程也不知不觉培养了我敏锐的观察力、缜密的思维能力、丰富的想象力、高度集中的注意力和坚定的意志力，一次一次的小成功，带给我一股一股的力量，激励着我继续一步一步地走下去。

步入大学可能会有迷茫，看不到未来在哪里，但是要相信"不是因为希望才努力，而是因为努力才有希望"，培养兴趣爱好就是最好的一步。

健康的兴趣和爱好可以使我们更加热爱生活，珍惜时光，使我们的生活变得积极向上，充满正能量，能够让我们感受到生活充实和世间的美好，成长也就成了一种自然而然的事。

立足职责，在学生工作路上坚定成长

我的大学四年，跟学生工作紧密相连。大一时担任班级团支部书记，大二担任学生会体育部部长，大三担任学院学生会主席，大四担任花椒先锋党员志愿服务站副站长。这些学生工作经历，成就了我的认真和严谨。

在学生会工作了3年，每个阶段于我而言心态都是不一样的。最初进入学生会工作，跟大多数同学一样，搬搬桌子打印些文件都是常态，我也曾为此有过迷惘，但在这里也开始慢慢接触文件处理、策划写作并且不断享受这个过程。之所以选择留到最后，我觉得应该是那份热爱使然吧。担任学生会主席的一年，也曾遭遇质疑，面对压力我常做的就是微笑以待，保持着自己的初心，始终真心实意地为学院为学生服务，因为始终有这样的心态，所有的质疑和压力就都变成了动力。有时候也会纠结和焦虑学习和实践两者不能兼顾怎么办，我告诉自己不如把焦虑的时间投入到做事情当中去，把该做的事情做完就会发现，结果会比想象的好。同时也要学会选择，做学生工作一方面意味着得到，而一方面也面临着舍弃。我也走过不少弯路，总觉得自己方方面面都可以兼顾，而真正上岗的时候，若不是全身心地付出，都是对这个组织的辜负。我调研学院学生需求，跟主席团成员分工协商，请老师指导方向，立足人文学院在工科院校的人文情怀，践行"三走"文化，举办趣味运动会、男女混合篮球赛、人文文化艺术节，组织学院学生晨练太极拳，弘扬国粹，开展"法治江西"学术论坛等。在各项工作中，我尽着自己最大的努力带着这个组织为大家谋求着点滴利益，维护学院的良好形象。

我至今都很感谢学生会的这一段经历，很多人和事情是扎根在心里的。学生会就是一个你付出得越多它回报的越多得地方，每次突破每次提升都能让身处其中的我们感到自己拥有了改变一些事物的力量。

参加双创赛事，尝试不一样的自己

如果说我的课余时间一半都给了学生工作，那另外一半就是创新创业比赛了。我跟双创比赛的缘分是在大二，参加了第十五届"挑战杯"江西赛区决赛志愿服务活动，并荣获"优秀志愿者"称号。那时候觉得能站在全省双创比赛的舞台上是非常厉害的，也给自己埋下了一颗小小的种子。大二便参加学院的科研立项活动，当时和班上同学一起写了一份项目书，以遗憾收场，但是这并没有湮灭我科创的梦想。后来大三跟着团队一起打磨"享送小哥"项目，获得2018年"创青春"浙大双创杯全国大学生创业大赛铜奖、"互联网+"江西省创新创业大赛铜奖，大四跟着导师一起研究的"中国高铁走出去的知识产权风险调查研究"项目获得第十六届"挑战杯"国家一等奖。

在挑战杯项目里，真正感受到了置之死地而后生的意味。我们的项目选择是交叉学科，需要添加很多专业不擅长的各种数据类图表并且进行分析，参加完省赛我们的项目陷入了瓶颈期，所有人士气低迷，不知道下一步的方向，这时候我的导师让我们自己选择，要么进军国赛，要么就此歇菜。我记得那个晚上的会议持续了四个多小时，所有人不甘心就此放弃，之后大家像重生了一样，回到了省赛的状态。直到去了北京，基本达到了每天一汇报，团队成员也是在压力和彼此温暖中前行。这样的成长是痛苦的，我们没有休过一次周末，国庆节也是不间断地开会打磨。这样的成长又是快乐的，因为困难让我们磨炼意志，掌握本领，完善自我。我们也学会了吃苦耐劳，学会了处理问题，学会了遇到事情多思考。除了双创比赛，我也参加了辩论赛，获得"最佳辩手"称号，参加了朗诵比赛、演讲比赛、"交大杯"乒乓球赛、大学生返乡宣讲十九大精神活动、江西省大学生艺术展演大合唱等等，每一场比赛都是一次历练，只有经过了数次比赛的历练，我才能在更高层次竞赛平台中厚积薄发。这个过程难免痛苦，但是这个过程也是成长最快的一个阶段。

我一直坚信一分耕耘一分收获，把抱负的小种子埋进土壤，再给点行动力的肥料，阳光雨露都有的日子，总会在一个时节给你满满的收获。我明白丰硕的成果不会在你悠闲地走在路上时突然降临，它会在你走了很长很长的路，并且克服层层困难的时候，悄悄地，像当年苹果砸在牛顿的脑袋上那样，突然落下，然后说："恭喜，你终于走到了这里。"

过去的一切荣誉既是终点，又是出发点，它记载着奋斗历程，过去也并不代表未来。这一段奋斗的故事里，感触最深的应该是任何阶段都要保持踏实的心态，一步一步向目标迈进。在一次次的选择和考验中，我的角色也在不断转换和变化。现已成为保研辅导员的我，从本科到研究生，从学生到老师，心态变了，但是热爱没变；能力变了，但是态度没变；眼界变了，但是内心没变；格局变了，但是自我没变。我想把从花椒吸收到的光亮，全部传递下去。我会坚持立足本职，寻求新突破，虚心若愚、求知若饥，主动在改变中不断进步；保持昂扬的斗志和奋发的精神，坚持求真实干，坚持起而行之，坚持不断进步的本心；也将始终坚守那颗充满热情、追求卓越、感恩社会的初心，用自己的力量奉献属于"花椒人"的光和热。

个人答辩，请扫二维码

平凡亦是不凡，点滴亦是成长

王　迪

王迪，女，汉族，中共党员，华东交通大学经济管理学院市场营销专业2020届毕业生。

连续四年任营销班级班长，曾任创业部副部长。在校期间努力学习，积极创新，曾获2018—2019学年国家奖学金，2019年华东交通大学校长奖学金提名奖，连续获校一等奖学金。参加"挑战杯""创青春""互联网+"三大高水平创新创业赛事，获得国家级奖项3项、省级4项。获得华东交通大学就业能力双基竞赛第一名，经管学院心理剧"最佳女主角"，主持人大赛"银话筒"等荣誉。多次主持院校活动，参加各类比赛及社会活动。现已保送至湖南大学继续攻读硕士研究生。

在平凡而又普通的躯体里，探索精彩而不凡的世界。在渺小而又平淡的点滴里，感受润物而无声的成长。

候鸟离窝迁徙，便以河滩栖息，而我告别故乡，便以花椒为家。花椒就是我的第二个家，她给予了我无数个奇迹与机遇，使我对她有着无法言尽的敬仰与感恩。我在这里度过了人生中最充实最美好的时光。我在这里找到了自信、阳光、勇敢的自己，找到了一群志同道合的小伙伴，找到了像家人一样关心爱护、帮助我们的老师，也在这里发现了人生原来有很多可能，只要你相信，只要你感恩。

初入大学，从数不尽的书卷中逃离出来，从规律且高压的生活中解放出来。我们来自四面八方，却汇聚一方。人生从来没有限制，所以也不要去限制自己。尽可能地去尝试无限的可能，通过自己的思考和实践来获得认知。大学是一个丰富而多元的社会体，我们多了一个"大学生"的身份，兴趣和乐趣便多了许多，责任和义务也多了一些。我们要面对生活和学习的平衡发展，面对兴趣和义务的兼顾，面对感情和其他选择。

于我而言，每一个环节我都没有做到最好，但是每一个环节都认真地付出了，并均衡地成长了。平凡的我，本本分分地学习、工作、完成各项任务，踏踏实实地生活，并没有特别出彩，但并没有留下太多遗憾。

关于学习，绝对不是进了大学就可以完全地放松。大学有重要且复杂的专业课，也有丰富多彩的自选课，甚至可以在哔哩哔哩上学习到很多在课堂上接触不到的知识。这些知识体系不仅仅关乎我们的课业成绩和评优评先，更可以成为自己的知识储备，成为自己的隐形名片，也许更可以在不经意之间成为帮助自己的锦囊妙计。如果已经较好地消化了课业知识，那么就可以去学点新鲜事物。科研论文也好，信息技术也罢，舞蹈、乐器等等都可以。

专业学习上，课堂上我会尽可能地多回答问题，积极地进行课堂的互动；课程作业也会尽可能最完美地呈现。一个策划书，一个小方案都要经过很多次讨论和修改才定版。印象最深刻的是本专业的市场调研课程，从选题到设计问卷再到处理数据，小组成员都付出了很多。而我作为组长，小到报告封面设计、标点符号，大到数据处理和方法选择，更是亲力亲为。经过十几个日夜的努力，小组的调查报告获得了老师的肯定和专业第一的成绩。两年前的事情依然让我记忆犹新，是因为那段共同努力、不辞辛苦的时光奋斗的快乐远大于熬夜的辛苦和疲劳。

专业之外，出于兴趣或者专业发展的考虑我考了高中的教师资格证、普通话证书、英语四六级等，这些都在一定程度上助力我的发展。而我身边的人有的在创业，有的一直在追求兴趣等等，大家在自己的定位上不断努力。正是这些平凡却坚持的努力构建了青年的梦想绽放。总而言之，关于学习，有趣的事物无处不在，只需要你保持乐学好学的积极状态。

学生工作贯穿我的大学四年。也许有人会对学生会和社团加上很多标签，但是我想说，不管是什么样的学生团体，都有自己的运作机制和工作内容。身处一个学生组织，有的出于一份责任，有的出于一份热爱，有的出于一份兴趣。根据自己的性格和爱好选择适合自己的，而不是仅仅出于获利的角度，用心投入，会获得不一样的感悟。大学四年的学生工作培养了我的大局意识和端正的做事态度，让我更严谨、更加有集体荣誉感，也收获了更多的肯定。学生工作也帮助我认识到了更多优秀的伙伴，开阔了我为人处世的视野，提升了自己做人做事的境界，这些都为我遇见"伯乐"铺垫了道路。

生活方面，在宿舍里我永远都是肥宅，而"肥宅"久了就容易滋生懒惰和抑郁。所以为了让自己生活更快乐些，我尽可能地多走出宿舍，去参加各种活动或者只是待在图书馆学习，都让我觉得十分充实。唯一的遗憾就是锻炼太少了，所以"肥宅"二字只是克服了第二个字。开放心灵的窗口，迎接生活的美好，从内心保证自己生活的质量和幸福感。大学期间我参加了几乎所有能力范围内的比赛，从院级的主持人大赛、心理剧大赛等等到校级的就业能力大赛、各双基赛事等等，竞赛的经历给予我名次上的奖励，但更多的是信心和勇气。比赛各有挑战，各有难度，锻炼了我多方面的能力，提升了心理素质，也圆了小时候的舞台梦。

交大给予我的更多的是学会感恩，让我明白：爱是生活的精髓。爱无处不在，也分很多种。异性之间的爱，师生之间的爱，同窗之间的爱，家国情怀的爱等等。十八九岁的年纪，有青春最亮丽的色彩。异性之间的互相吸引是一件很美好的事情。希望我们都可以以一个健康的心态去爱，去接受爱，去回馈爱。尊重老师，积极沟通，你便可以收获浓浓师生情；友好相处，善意待人，你就可以收获满满的同窗情谊；肩负责任，服务社会，你就可以收获震撼人心的家国之爱。这份爱是全中国十几亿人齐心协力，克服困难创造奇迹的爱，是维护世界和平，保护人民安全的爱，是平凡而伟大的爱，是我们每一个中国人前进的动力。没有人在孤军奋战，我们都在承蒙社会的馈赠与关怀。所以，未来的每一天，仍要平和地去爱。

其实能够收获爱，永远都是一个很幸福的事情。生活的细微之处都存在着感动与幸运，只要保持良好的心态就总可以发现。而我们的心态其实是随着我们的成长而改变的。初入大学的我，也就是一张白纸，虽然我从未感觉到什么黑暗，但是我也没有体会到别人所说的确幸。当我一路走来，不断地努力，不断成长，不断超越自己，也越来越谦卑。我看到的事物就越来越美好，我收获的感动也越来越丰满。站得更高，看得更远，也看得更美。当我们可以拥抱那么多的美好和感动时，生活中的困难与不如意就会变得苍白无力，微不足道。

我们真正的成长与进步，早已经不局限于考试成绩和排名，而是更加全面和更加立体的提升。在学习、生活与社会活动方面，都要尝试着突破自我，成就自我。

回首望去大学的四年，其实并没有取得多么不凡的成绩，也没有付出多么"呕心沥血"的努力。我的天资平平、性格谨慎，我所做的都只是我理解范围内青年学子应该去做的，只是我坚持了下来。我一直都认为我很幸运，但我也告诉着自己持之以恒的努力永远都是幸运的敲门砖。

我是一个黑暗中挣扎出来的孩子，我感谢能够在交大经历这一切，便利的学习环境，暖心的朋友同学，负责的老师导师，都成为了我拨云见日，收获幸福的力量。每个人的成长过程中都或多或少承受过一些挫折和黑暗，但是我们的生活并不是为了逃避黑暗，而是为了追求美好。

孔目湖畔，鱼目山下，九曲亭外，这里的一切正在经历着改革与发展，在这个过程中，每一位老师都在尽心尽责，负重前行。作为花椒学子，我们不仅仅是一个旁观者，更是参与者。我们应该承担起花椒人的使命，做求真务实的交大人，心怀感恩，砥砺前行。相信花椒会在大家的努力下，越来越好！

个人答辩，请扫二维码

在交大成长的四年

李宗霖

李宗霖，男，汉族，预备党员，华东交通大学理学院光电信息科学与工程专业2020届毕业生。

2019年华东交通大学"闪耀花椒"校长奖学金获得者。学习成绩优异，获国家奖学金、校长奖学金（冠军）、校特等奖学金、一等奖学金。获第十六届"挑战杯"全国三等奖、2018年"创青春"全国大学生创业大赛江西赛区铜奖、第五届"互联网+"创新创业大赛国际赛道组铜奖。现已保送至华中科技大学继续攻读硕士研究生学位。

学弟学妹们好，当我开始写这些的时候，我正在离开交大的高铁上，心里想着2016年初来交大的我看着飞速倒退的窗外景物，感慨转瞬即逝的大学时光。我不敢说能够教给你们什么，我只希望能把我的故事分享给大家。

第一个月接触大学的状态

初来大学，一切对我都是新鲜的，我喜欢学校的山、水、树木、火车头，尤其喜欢学校的孔目湖——我奉献很多空闲时间的地方。大学的第一个月，没有太多学习，没有考试（英语分班考试除外），每个时间段都是新同学、新地点、新事物和新老师，惬意的一个月。无忧无虑，甚至忘记了自己为什么读大学，忘记了当初为什么出发。

大学应该是什么样的？我不止一次反问自己，偶尔和舍友聊这个问题，但是都没有得到让我内心很满意的答案——因为我还没有目标，没有方向，对我的人生还没有规划。我不知道这种没有方向，得过且过的生活还要持续多久，但在我心里深深地知道这不是我想要的。接下来的时间里，带着迷茫上路，别人做什么我也做什么。当然这只是开端的我，接下来给大家分享几个我逐渐转变的故事。

第一次尝试着去解决问题

有时候有些问题，没有人会答复你，在你成长的过程中你会逐渐明白。举个例子，最初接触高等数学时听学长学姐以及周围的人讲这个科目很难，很容易挂科。等我第一次上课时，发现确实如此，课堂信息量变大，内容难度增加，重点是课堂进度条不会因一部分人不明白而改变。三次课后发现有点跟不上老师节奏，偶尔有听不懂的地方。本着玩俄罗斯方块的原则（犯下的错误会积累，获得的成功会消失），我觉得自己在学习高数方面要做出一些改变。怎么改变呢？我自己也不知道。

尝试一：课堂上不玩手机，认真跟着老师思路走，注意老师说的每一道题以及每一个字。结果很有意思，你会发现简单的内容跟得烦躁，希望能快点过去。难度稍大的内容跟不上老师节奏，希望老师慢一点。

尝试二：继承尝试一，把听不懂的写下来，下课去请教老师。结果也很有意思，教我高数的老师看到我的问题不直接给我答案（对此我很支持），只是针对某个知识点给我点一下。我大脑的CPU当然没法跟老师比，老师点的一下我可能也要想一些时间。能解决问题吗？能！效率低吗？低！因为问问题的学生不止你一个，而且老师给你的提示你也不一定立马就懂。

尝试三：提前看课本，把对应课程内容的例题、同步练习在老师讲这节课前做了。这样做的优点在于，在课堂上我可以很轻松地跟着老师的节奏走，而且对于某一些问题我还可以顺便提出不同解法，当然也欣赏了老师的做法。缺点在于，需要花费时间去提前看课本，做课本中的例题以及同步练习（当然这些题在课后还是要做，何不提前做了？）。

我当然不是在教大家学高数，我也不认为我的方法很优秀。我只是觉得在大学很多时候面对学习、生活、工作中的困难或者是问题，我们不能安于现状，要尝试着自己去解决问题。就像俄罗斯方块一样，你解决了问题它就会消失，问题积累下去你就输了。游戏能够重来，我们的大学生活呢？

第一次对自己所学感兴趣

你喜欢自己的专业吗？

当我第一次听到这个问题的时候，我甚至不清楚自己的专业是干什么的，何来喜欢与不喜欢？我的专业是光电信息科学与工程，名字很高大上，实际上也很高大上。最初接触这个专业没有太多的感觉，就是课程比较难。入此专业，麦克斯韦、爱因斯坦、普朗克、笛卡尔将会成为你最熟悉的课堂朋友，量子化、黑体理论、能级跃迁、光电效应也会成为你最熟悉的词汇。刚开始接触这些名词，心里呵呵一笑，又是我听不懂的词；当我学第三本书的时候——呵呵，又是你！起初我也不曾充满兴趣，但我没有厌烦我所学的。

记得很深刻，我的第一节专业课。在南区14栋上电磁学课程，习惯了坐第一排，凑巧这节课有实验演示，很有眼福。老师呢是我大学启蒙老师——刘志敏，刘老师在做了简单课程、专业介绍后，就开始讲课内容。我对他课程的评价是——很有带入感（细细体会）。课程讲到某个知识点时，老师为了让我们记得深刻，顺便掏出了实验仪器，放在第一排（我的左边）。伴随着老师接通电源，在我明视距离内出现了一束蓝白色电流，顿时觉得这个课好好玩，我就觉得我要弄清楚原理，好好学习这门课程。

如同男生喜欢女孩子一样，不经意一瞥，是心动的感觉。可能这节课就是我兴趣的来源，兴趣是最好的老师这句话很正确，带着兴趣上路这门课我学得很轻松。然后有一天反思自己，是不是可以把这种情绪带到所有的其他课程中。之后我就真的这样去做了，对自己学习的东西时刻保持兴趣。作为回报，我在这些课程中取得了还可以的成绩。

我想告诉大家什么？

可能你现在不了解自己的专业，对你的专业很迷茫，请不要跟着别人的脚步去讨厌，给它一些时间，尝试着发现一些自己喜欢的内容。

比如：

电气的实验基地

土木的测绘仪器（可能我叫得不专业）

人文的模拟法庭

……

这些你都可以尝试一下，总有你喜欢的。

以我自己的成长经历来看，带着兴趣上路事半功倍。再退一步来讲，倘若你真的不喜欢自己专业，也别去讨厌它。（我讲的不一定正确）

第一次走入实验室

个人感觉，大学除去学习的时间，空闲时间很多。把空闲时间浪费在游戏或者刷剧上面不是很明智，我的空闲时间通常是在实验室。

由于我的专业是光电信息科学与工程，简称光电，我对专业实验室有很强烈的憧憬，在我心里它是我渴望的地方，可能这种渴望来源于对专业的喜欢或者是对爱因斯坦或者普朗克的崇拜。

带着我对实验室的憧憬以及对专业的兴趣，我遇到了我的指导老师罗春伶博士和程自强博士。罗老师带我走进了实验室，我看到激光和棱镜时觉得这才是我喜欢的东西，之后自己在实验室摸索，尝试着做一些实验。偶尔自己有个想法，自己便在实验室搭建光路，算是一种娱乐。当然，还可能有一种小小的成就感。在尝试了很多次之后，你自己独立完成一个光路或者一个完整的实验并且实验现象很好，这个时候你会觉得你的努力很值，也会觉得很开心。回过头来，我觉得大学四年我去的最有意义的地方就是实验室，因为在那里我可以做我喜欢的东西。

也是得益于实验室的经历，得到了浙大、南大、华科老师的认可，也为我后面研究生生活做了铺垫。可是我当初并未朝着这个层面想，我只是觉得把空闲时间放在实验室更好。

我不是劝大家都去实验室，大学空闲时间很多，合理安排自己的时间，把时间用在有意义的事情上很重要。当然你要说游戏和刷剧也很有意义，我也不反对。

第一次看看外面的世界

2018年注定是我记忆深刻的一年。在2018上半年的时候我的指导老师告诉我，我们下半年要去参加由教育部主办的第十一届大学生创新创业年会，所以我需要在实验室准备一下，便于十月份去厦门展示。因此那个暑假感受了一拨南昌的温度。

一转眼到了十月份，我跟我的一位队友满怀着激动与信心跟着老师出发去厦门。一路上抛开学习欣赏沿路的风景，也和指导老师聊聊天，满是惬意。

第一天安排好住宿后，跟着队友在周围转转，比如厦门大学，看看厦大的学生在干吗（开玩笑）。第二天去集美大学布置展位以及设备，第一次出去展示自己的东西心里还是有点小激动，有点紧张，用的时间久了一点。指导罗老师在一旁也不催我，告诉我不要着急，慢慢来。

调试好后，就在展位旁边等待着专家和领导，因为领导感兴趣了就会过来看。好巧不巧，领导对我们的作品感兴趣。不一会好多领导围了过来，由于没有接触过这种场面以及领导，心里一紧张把自己想展示的一下子都忘掉了，罗老师一看我表情不对立马过来救场，最后领导和专家们很满意，希望我们的作品继续优化。事后偷偷查了一下，问我问题的领导是教育部高等教育司副司长。这个事情让我觉得我需要提高一下说话和控场能力。当然对我来说影响更大的是后面的。

自己的作品被欣赏完后当然是去看一下别人家的啦。

我和我的队友一起去看我们感兴趣的作品，给我印象比较深的是一位华中科技大学护理专业的学姐，我听她的作品只能听懂一半，她听我们的作品却能听懂好多，而且对于器件的原理也能了解得很清楚，她在本科阶段发表了物理领域的顶级期刊（唯一一作）的论文。后面我们看了很多组，他们大部分已经保送国内顶级"985"，或者已经拿到了国外好的大学的offer（录取通知），而当时我和我的队友是两个刚步入大三的学生。在后面的半个小时内，我们看到了近几年三大赛事国赛金奖、特等奖和一等奖项目。我是越看越沉默，越看越感慨。

展示结束后，老师问我俩要不要在厦门转转，好不容易来一回，但我们两个一起回复立刻回学校学习。我当时的感觉是，有那么多既优秀又努力的人，我还有什么理由不好好学习呢。回学校之后我和我的队友更加努力，因为竞争的不仅仅是交大的学生，还有外面那么多学生，必须努力。

那么在这里我想说的是，大学四年，总有那么一些时候你会觉得你在专业或者学院里面很优秀，这个时候姑且让自己格局高一点，多出去看看。或许你看了清华大学特等奖学金答辩会对自己有个全新的定位，这不是一件坏事。

第一次和队友通宵奋战

此篇献给大二或者大三的学弟学妹们。

如果问我大学最大的收获是什么，那当然是和我的两个队友一起学习，一起克服困难，一起进步。

在大一的时候尝试着申请一个创新训练项目，全部内容由自己完成，结果是大学四年再没有收到过项目的音讯。后来反思了下，一个完整的材料自己写，自己查资料，第一个问题就是片面，有很多你自己发现不了的问题。其次，没有指导老师，没有专业的人来审核一下。现在想想这个结果拥有必然性。这是我第一次意识到team（团队）这个概念的重要性。

2017年第十五届挑战杯江西赛区的主办方是我们学校，那就有个好处，我们学校的学生可以参观赛场。前面已经说了，开阔眼界没有什么不好的。我就在休息的时间溜进了赛场，看他们的项目展示。给大家描述一下，每个展位有一个团队，展位布置包括展板、海报和自己的作品。他们需要做的是在专家到来的时候讲解项目情况以及解答专家提出的尖锐问题。听起来很简单，当时我也觉得简单，大二的我就是这样。

2019年第十六届挑战杯江西赛区的主办方是江西财经大学，我们团队在2018年底经历了校级初赛、校级决赛。需要提交申报书、路演PPT和作品，而我作为一个理工男对于PPT的审美为0，审美这些要靠队友来完成，这个时候你会发现拥有一个强迫癌晚期的队友是多么幸运。而我负责申报书的内容，好写吗？不好写。我只记得校级初赛我写的内容被指导老师打回重写了4次，至今还记得先进性和科学性这个头疼的问题。总之，你既要把自己的作品先进性和科学性写清楚、精确，又要言简意赅，还得保证字数在一个范围，而这只是申报书的一部分。这只是校级初赛。

挑战杯这个比赛含金量很高，故比赛周期长也是情理之中，从校级初赛到国家级决赛周期是整整一年。所以这个时候不仅仅是比赛的问题，还有你的学习任务，毕竟比赛只能算是课余的。省赛在5月份，濒临期末考试，赛前校团委会请专家来培训，这个培训很重要！专家会提出很多问题，都很有意义，有的问题甚至影响到省赛成绩。那时候有一种时间越紧事情越多的感觉，专家前一天提出问题我们回去就要解决。特别是后面对PPT提出了问题，我对PPT有这样一种感觉，你想做一个PPT很容易，做一个让人看着舒服明白还有兴趣的PPT很难。因为老师第一天提出问题第二天要看到结果，这个结果不仅仅是要美观，还包括你对着新的PPT流畅地介绍你的项目。所以我大学的第一次通宵就有了，我还是负责PPT内容和布局，一个队友负责美化，一个负责稿子准备第二天讲。等把PPT调整好已经到了3点，看着很舒服，我们三个很开心。然后一个队友对着PPT写稿子，花了半个小时写，花了两个小时改，等一切都准备好后已经早上七点多了。大可以有人说我们效率低，我们只觉得是在完成一个自己满意的作品，而非老师交给的任务。

我们很累，但是我们很快乐。

当然这只是比赛的一个片段，中间有好多困难，在他们两个陪伴与支持下我们也走到了最后。后面就是我们三个一起准备期末考试，享受着一起约图书馆、一起吃饭、一起思考问题、互相押题的时光。

那么我想说什么，有一个一起学习、一起进步的团队能带你走得更远，也许你们共同奋进、解决困难的时光会成为你大学最有意义最难忘的时光。大学对于我来说就是和一群有思想的人一起做一些有意义的事情，不虚度光阴。有时候虽然累，但是我们很快乐！

总结

有的人说不挂一次科的大学不圆满，有的人说不谈一场恋爱的大学不圆满……前者不敢恭维，对于后者以我的一位朋友为例。我的朋友和他女朋友异地三年，三年里车票攒了一摞，他们每天都开视频，视频的内容没有太多话，两个人都在低头看书，偶尔抬头看一下。现在他们一起保送至武汉大学，未来两个人规划在武汉发展。

我没有讲他们这样做很好，我只是希望我们能在自己短短四年大学生活中干一些对自己有意义的事情，何为有意义就需要你自己权衡了。

最后我想说我很感谢交大培养了我，很感谢交大优秀的老师培养了我，也很感谢交大给了我这次机会发表自己的拙见。未来继续保持交大教我的求真务实的学习作风，走风雨兼程的自强路。今日以母校为荣，他日母校以我为荣。

个人答辩，请扫二维码

坐在闪耀花椒最近的观众席上

鲍子颖

鲍子颖，女，汉族，共青团员，华东交通大学交通运输与物流学院2017级物流管理在读本科生。

2019年华东交通大学"闪耀花椒"校长奖学金获得者。现任物流管理2017-2班班长、交通运输与物流学院学生团委副书记、第四届学生会主席、华东交通大学广播站英文播音员等。获国家奖学金、校长奖学金、校二等奖学金及三等奖学金。获第四届日日顺物流大赛全国铜奖、"长风杯"供应链运营管理大赛全国三等奖、大学生英语竞赛全国三等奖、外研社"国才杯"英语演讲比赛二等奖、江西省共青团"微团课"大赛二等奖等奖项，组织举办院校各类文体科创志愿活动三十余项，获得华东交通大学优秀共青团员、华东交通大学优秀学生干部、华东交通大学三好学生、十佳志愿者荣誉称号。

一年前的我跟大家一样，坐在观众席上，看着在南礼舞台上"神仙打架"的学长学姐们熠熠生辉、耀眼夺目，他们的成就、气场都让我感叹、艳羡不已。当时的我就想啊，我要是能有学长学姐这么优秀就好了，在答辩舞台上闪闪发光，给自己的大学交一份圆满的答卷。这是我给两年后大四的自己定下的目标，没想到竟然提前一年就落地发芽了。回想这段真真切切与榜样们并肩同行的时光，虽然短暂，但是受益良多。我时常把自己从其中剥离出来，放在离闪耀花椒最近的观众席上，用学习的态度去看这段赛程中发生的一切，和学长学姐们一起回忆他们的大学经历：丰厚的荣誉和履历带来的每一次闪耀的背后都承载着无数次黑暗，每一次成功背后都经受过无数次的失败。我也更懂得了青春和大学的意义：哪怕山再高水再险，也要勇敢去尝试，不轻言放弃；要去探索自己的无限可能，舒适圈外有更广阔的天地。

两耳不闻窗外事逃不过"真香定律"

初来花椒，摆脱了高中的阴霾重重和失败感，我决心一头扎进学海，一定要用知识填满自己，我早早地将未来的大学生活描绘成宿舍——教室——图书馆——食堂这四点一线的样子，什么社团啦，学生会啦都与我无关。唯一选择的就是竞选班级学习委员，想用学委的责任来激励自己一定要好好学习，做好全班的模范。完全出乎我的意料的是，我成功竞选了班委，更意想不到的是辅导员和代班学长选择了我当班长。我一直没有问过原因，只是猜想着是因为每天军训后晚自习的埋头学习，还是竞选时对结果不在意而表现出的从容淡定让老师选择了我。既来之则安之，既然有机会有认可，那就好好肩负起这份责任。

大学第一周竞选上了班长，这拉开了我对大学丰富多彩的生活的向往。紧接着学生会面试和社团面试，还有田径队、礼仪队、广播站，大一这一年我自己的生活填满到了极点，四点一线也变成了许多点、许多线，这样子的状态和生活是高中的我、高考后的我、刚进大学的我完全没有想到的，果然万物离不开"真香定律"。这样的生活持续了一年，很累但非常充实，虽然周末也被各种组织活动学生工作占满，学习也只能挤时间，但是夜深人静时独自借着灯光写材料或是预习复习功课，这样的安宁更能让我清醒地思考大学的意义和未来道路的目标方向。

大一大二的我，想的是不断往身上加东西，往生活里填东西，我学会做图书馆不灭的灯火，在学生会秉持初心，在台上幕后灯光下闪烁，在操场挥洒汗水，在班级时刻扛起肩上职责，还收获了一群志同道合的伙伴，相互鼓励一起前进。前两年是对大学的无尽探索，后两年则是我对自己的不断更新。大学最幸运的事就是加入学生会，在这个大家庭实现了自己的突破，更收获了完全不同的自我。我只记得高中的我上课都不敢举手发言，而现在不管是与商家谈赞助还是在几百上千人面前答辩，都能从容不迫。

谁说"佛系""狼性"不能共存

如果现在用两个词来形容自己，我会用"狼性"和"佛系"。可能大家会很奇怪，明明是一对反义词怎么会同时出现在一个人身上呢？我想说，这两个词并没有大家想的那么矛盾。

大家一般都会记得"狼性"的顽强拼搏精神。"狼性"是往前冲争做前锋，但它更是不管什么时候都不气馁、以饱满的热情持续努力；是对现状的不满足，勇敢地走出舒适区，挑战自己的无限可能；也是一种团队精神和创新精神的糅合。在第四届日日顺物流大赛中，我们的对手绝大部分都是来自各高校的研究生，这着实给刚参加暑假夏令营的我们来了个下马威。随后在几天的营内比赛中，其他学校的学长学姐不仅有物流专业的，也有来自计算机、物联网、信息技术等等其他专业方向的，他们组合在一起碰撞出来的想法和创意，让我们惊叹不已；同时连续几天比赛我们的项目排名都不理想，也给了我们不小的打击。但是我们始终对自己充满信心，怀着学习的态度，白天认真聆听其他同学的讲解，晚上就在一起分享心得交流体会，从其他学校的项目里面学习优点和创意。一整个夏令营下来，我们收益颇多，也给后续赛程打下了基础。在9、10、11三个月的备赛过程中，我们遇到过瓶颈和分歧，挑灯夜战看凌晨四点的花椒是常态。但是我们一直相互鼓励，从字典里删掉"不"字，一路过关斩将，最终冲进决赛获得全国铜奖。

"佛系"是按照自己生活方式生活的一种态度，但是并不是随缘和随便。"佛系""狼性"这两个词有很大区别，但是又能无缝衔接起来：先有狼性的拼搏，然后是对结果的佛系看待，这样才能让自己不被每次的结果束缚，而能把更多的精力放在努力的过程中，才能在一次次的尝试中不断前进。

2019年对我来说是很有意义的一年。我选择继续留在了学生会，把自己从一个学生工作的参与者和能力经验的获得者转变为组织者、输出者，继续在我热爱的工作中发光发热，引领更多学子向善向上向前进；从幕后的英文播音员转战台前，尝试做晚会主持人；更有带着初生牛犊不怕虎的闯劲，在闪耀花椒的舞台上触摸到这颗花椒最亮的星星。

起初老师让我试试参加校长奖学金答辩，我就完全抱着试一试的心态，做好随时被淘汰的心理准备。但是，既然来了，有如此难得的经历，那就要拿出十二分的努力和干劲。从开始准备校长奖学金答辩的那一周开始，我就进入了"魔鬼周"，十一月正是学院班级事务的高峰期，后半月又进入了期末，准备答辩、学生工作、作业论文考试如山倒地压在我身上，每天的任务日程一页备忘录都记不下，头发也掉得更多。每一场比赛之前，我的心里都有两个小人在打架，一个说哎呀你肯定拿不到奖的呀，不用浪费那么多心思精力，快点弄，结束还有一大堆作业任务没完成呢，反正才大三明年还有机会的；另一个则说，谁说大三就不行，不尝试怎么知道结果一定就会失败，一天有24个小时，时间挤一挤一定可以把任务做完的。很庆幸我选择了听后者的，拿出十二分的努力把所有事情都处理安排好，每一版答辩稿、每一项活动、每一篇作业都毫不懈怠，全力以赴。最终的结果出乎所有人的意料，更让我对它有了更新的认识。

在两年多的学习工作中，让我懂得荣誉只属于过去，这些经历中的沉淀是为了更好地走向未来。无论是专业知识的学习和积累，还是工作能力的锻炼提升，都让我对接下来的生活充满信心，让我对走出校园后踏进热爱的行业，在中国物流业建设中发光发热、贡献青春充满期待。生活处处是挑战和惊喜，永远不要给自己套上枷锁，不要停留在舒适圈，走出来你会发现不一样的世界和不一样的自己。我的生活有幸运也有许许多多的挫折和坎坷，有成功，但更多的是成功背后千万次失败，但是只要一直心怀热爱，眼里有光，勇敢去闯，一定会前路明亮。

个人答辩，请扫二维码

奋斗是青春最亮丽的底色

曹久晨

曹久晨，男，汉族，中共党员，1997年4月出生，江苏徐州人。华东交通大学体育与健康学院运动训练专业2020届毕业生，国家田径二级运动员，国家足球一级裁判员、国家足球D级教练员，2019年校长奖学金提名奖获得者。

在大学成长历程中，曾先后担任班级学习委员、副班长，院学生会新媒体干事、院学生会宣传部部长兼分管主席、院学生会执行主席，材料学院田径队教练员、人文学院田径队教练员，花椒先锋党员志愿服务站通讯社干事和事务中心主任、花椒先锋党员志愿服务站副站长等职。在学习及工作上，曾荣获国家奖学金、国家励志奖学金、校一等奖学金、校二等奖学金，获三好学生、优秀共青团员、优秀学生干部、优秀裁判员、优秀教练员等荣誉称号，现已保研本校，继续攻读硕士研究生学位。

求真务实，在专业兴趣中行稳致远

曾经，我在一篇文章中读过这么一句话，平凡的事情，坚持做就是不平凡。所谓成功，就是在平凡中做出不平凡的坚持。2019年10月，我凭借着优异的成绩和丰富的实践经历，成功拿到了保研的资格。由此，留在"花椒"继续深造的梦想终于来到了我的面前。我并不是无梦，恰恰相反，我的这个"梦"，已经认认真真地做了四年。我很早就确立了目标，明确了自己努力的方向，之后为之不断摸索学习，有的放矢地去学习实践。

在学习上，我连续3年专业第一。作为一名学生，本职工作毋庸置疑，学习成绩好是立足之本，学生，第一首位当然是学。我一直认为无论做什么事情，态度最重要。学习也是一样，首先你最开始应该知道，你为什么而学，要清晰地知道自己的目的，才能有坚持的热情与动力。

大学不是一个被动接受教育和知识的地方，在这里，你要学会做一个"海绵宝宝"，在知识的海洋中主动汲取养分，不断充实自身。"学海无涯苦作舟"，学习不是一蹴而就的，它是一个漫长的过程。学习也不是轻轻松松就能完成的，它需要你沉下心来不断钻研，才能有所收获。学习是需要磨砺的，没有哪个人的学习经历是一帆风顺，多多少少都会遇到些挫折。我们每个人都是从零基础、无经验开始，靠的就是在学习成长道路上不断地一次次去摸索，一次次去尝试，一步步去实践。学习贵在坚韧，只有足够坚韧，才不怕道路上的障碍，成长亦是如此。

在专项上，我是一名国家足球一级裁判员、国家足球D级教练员。上大学前我是一名田径运动员，进入大学后我开启了对兴趣的追逐，致力成为一名地地道道的足球人。所谓隔行如隔山，学习足球对我来说，除了拥有运动员共同的体能，我只会跑，其他一无所能。于是我心中产生了萌芽，既然选择了付出，何不全力以赴？我是否可以继续挑战自己，去突破无限可能？

从"0"到"1"的过程就是慢慢积累。俗话说："欲戴皇冠，须承其重。"我曾执法过江西省第十五届省运会足球赛、2018年江西省（U45）国际足球邀请赛、2017年全国青少年校园足球夏令营等大小型比赛。在经验、荣誉积累的背后，我付出不知多少时间去啃从未接触过的裁判规则书籍，坚持每周六周日进行实践经验的学习，无论刮风下雨，寒冬酷暑。这一切的一切，坚持下来了，收获也就自然而然地来了。

我们不是因为看见了才相信，而是因为相信才看得见。每个优秀的人都有一段沉默的时光，那段时光，是付出了很多努力，却得不到结果的日子，我们把它叫作扎根。请你相信，总有一天我们每个人都会开花。这世界很公平，你想要获得怎样的硕果，就要承受怎样的磨难。我们专业的训练亦是如此，体育亦是一座金字塔，站在金字塔尖的只能是一个人。所以，光鲜亮丽的荣誉背后是付出比别人多十倍的努力！

脚踏实地，在社会工作中不忘初心

所有的经历都是推动力，推动着我们往更好的方向成长。我认为宝贵的学生工作经验与社会实践经历是大学成长历程中必不可少的部分。我感谢自己的学生干部经历，这段经历让我清楚地知道自己想要什么，让现在的我拥有最简单的幸福，让我的内心无比安定，那经历在我心中生根，也在我现在的生活中开花。

在学干生涯中，初入大学的我便选择了"两条腿"走路，向着一专多能的复合型人才迈进，于是我加入了学生会和花椒先锋。也正是我的选择，开启了我大学的"逆袭"之旅。在这段生涯中，我当过干事也做过主席，带过班级获过院"毕业杯"拔河赛一等奖、"迎新杯"篮球赛二等奖等荣誉，也举办过团学干部培训班、红色家书读书会、篮球赛、足球赛、拔河赛等赛事；从组织"迎新杯"篮球赛到策划"毕业季"足球赛，从早五点的新生入学迎新到凌晨三点的独家毕业典礼，从一无所知的萌新小白到行家里手的事务小久，从"天佑先锋"培训到暑期"三下乡"社会实践，从"闪耀花椒"校长奖学金公开答辩到"荣耀花椒"跨年颁奖晚会；熬过夜，通过宵，淌过汗，流过泪，哭过、笑过、累过，就像开挂一样，体验过前所未有的刺激……

在漫漫路途中，看过多少个黎明从太阳里流出来，见过多少个黄昏在月光中走远，走过无助也经过迷茫，有过失败却从未放弃，二十岁的年纪，没有沉迷于游戏之中，没有晚睡晚起，没有浑浑噩噩，而是做一个热忱、赤诚、执着、向上、有情怀和信仰的学生干部，这就是一个学生干部的成长生涯。这种感受，只有来过、拥有过、真正感悟过的人才会懂，我想我们每个人都值得拥有。

仰望星空，在青春路上砥砺前行

生命可以留白，但不能空白。记得2016年我刚入学，体验到"花椒"式的特殊迎新，感受到对新生的大爱及人文关怀，自此以后我连续3年投身到学校迎新入学工作当中，将这份爱与关怀传承下去。曾连续2年参加暑期"三下乡"志愿服务工作，远赴宜春南庙、九江武宁等地，开展暑期志愿支教等社会实践服务。曾连续2年参加寒假大学生返乡宣讲十九大精神活动等等。毫不惭愧地说，我服务过全校近三分之二的花椒学子，我的理念是让每一位花椒学子在我的服务中都能尽情书写自己酣畅淋漓的人生！

也许今后的学弟学妹们兴高采烈地在"三化平台"开展着党支部活动，在"一站式服务大厅"开展着学生事务办理工作，在"天佑会堂"开展着主题讲座等等，不会联想到这些场地的改造与建设的推动工作都出自谁之手；也许这些点点滴滴的事情可能平凡得不能再平凡，普通得不能再普通，但我想说："每一件平凡的事情，坚持用心做下去，就是不平凡。"只要我们用心认真去对待生活中看似微不足道的每一刻感动，每一件事情，或许这就是我们生命中最有价值、最有意义的事。

我很庆幸自己来到了一所兼容并包的大学，在这里，我遇到了我的伯乐，在这里，是花椒给了我施展的舞台。也许还有许许多多的人像我一样，出身贫寒，平凡而又普通。但，只要我们坚持做好每一件平凡事情，用心竭诚去做好，我们每个人都可以实现梦想，身披光芒！

我曾在一次讲座中听过这么一段话，至今让我记忆犹新，也一直化作为内动力促使着我奋勇向前。这段话这样说道："灯塔之所以能够指引方向，是因为它一直在那里，从未改变，不要走得太匆忙而忘记自己为什么出发。青春有太多的迷茫与坎坷，你要有披荆斩棘的决心和勇气，请记住，不管前途如何，你只管阔步向前。当然，走过的路再多，也不要忘记时常低头看看脚下，不忘初心，砥砺前行！"所以，请你相信，所有的努力与付出都会在不经意间成为馈赠，而这馈赠就是你将会成为一个更好的自己，更好的自己是有许许多多的故事可以说的。

　　习总书记说，奋斗是青春最亮丽的底色。在社会主义的现代化进程中，我们都要不懈地努力，为了理想而奋斗，为了祖国的明天而担当重任。青春因奋斗而美丽，青春因担当而精彩。热爱青春，热爱生活，不辜负青春，不辜负生命。谨以此篇，献给正在奋斗路上的我们每一个人。

个人答辩，请扫二维码

民族复兴的报国志

天佑传人——校长奖学金获得者的成长密码

大时代中做一个坚定的小人物

刘奕斌

刘奕斌，男，汉族，中共党员，华东交通大学土木建筑学院土木工程专业（道路与铁道工程方向）2018届毕业生。

2017年度华东交通大学"闪耀花椒"校长奖学金获得者。曾任土木建筑学院2014级詹天佑1班宣传委员。获周培源力学竞赛全国三等奖和江西省一等奖、数学建模竞赛江西省二等奖、茅以升铁道教育希望之星、校优秀毕业生、江西省土木建筑学会优秀毕业生、励志奖学金、校长奖学金（直通票）、校特等奖学金、校友奖学金、学院奖学金、校三好学生和全国詹天佑优秀班集体等40余项荣誉。

学分绩、面试绩均为学院第一，获推免资格，至西南交通大学土木工程学院攻读硕士学位，获西南交通大学新生入学奖学金、西南交通大学特等奖学金、西南交通大学土木工程学院铁79校友奖学金、西南交通大学优秀班集体等荣誉，发表或录用EI（工程索引）论文2篇、SCI（科学引文索引）论文6篇，在审SCI论文1篇（其中一作EI1篇、一作SCI在审1篇）。

从来不是一个特别聪明的人，明确大方向，有的放矢，合理规划，稳扎稳打，用一步一步坚实的脚印践行，必要时及时做出适当的修正。这句话就是我的注解。

别人说我是学霸，而我想当学霸中的学霸

刚上大学，面对各种新鲜的事物，我同大家一样充满热情、跃跃欲试，试图结交新朋友、提高综合能力，而不再像高中那样关注学习成绩。学习用时仅限于土建学院詹天佑班规定的30分钟晨读和2小时的晚自习。在王牌专业学霸班级，班内同学的高考成绩相对都比较高，而我成绩平平，自然不是所谓的学霸。

可能是运气好，没有刻意去关注学习的我期末高数满绩、班内排名第三，得到了辅导员老师和同学的认可，开始被冠以学霸称号，这种获得感让我开始认真学习，下决心做真正的学霸，而不仅仅是90分左右不求甚解的学霸。与此同时，为弥补高考遗憾，初步拟了考研到同济大学的目标。面对着集高等数学、大学物理等公共基础课和理论力学、材料力学、结构力学、路桥隧轨等专业课为一体的土木工程专业，我把大部分的时间都花在了自习上：从大一下学期开始，课后时间不再回宿舍看剧、睡半天，参加消遣活动或休息的时间也由完整的周末两天逐渐减少，其余时间基本都在逸夫楼看书自习。为了培养更扎实的专业素养，为考研做铺垫，我在学习上不懈怠，养成了深究到底的精神，仔细阅读教材，推导上面的理论和公式，对疑点和错误提出质疑，同时学会了定期汇总和复习知识点。一分耕耘一分收获，大学物理满绩、线性代数满绩，材料力学等接近满绩，大部分课程90+，三年来排名逐步提升，三年总排名学院第一。

尽管专业成绩不错，但我深知，单单记住课本上的知识是远远不够的，于是我努力将专业知识应用到大大小小的各类学科竞赛中，积极参加科研项目来训练科研思维，沉醉于各类学术会议，接触学科前沿，投身于昌吉赣客运专线万安隧道的工程实践。

水到渠成，以考研外的另一种方式——拿到了免研资格，获得了同济大学等一流高校的offer，也取得了一个只招硕士的设计院的口头破格录用资格。先放弃了设计院工作机会，因为我想坚持初心，自认为适合读研；后放弃了排名靠前的同济大学等985高校，选择了保研到轨道交通领域的最高学府西南交通大学，因为专业一流（A+学科），有"世界高铁看中国，中国高铁看（西南）交大"的说

法，同时导师一流，有国家杰出青年基金获得者王平教授（获国家技术发明二等奖等重大荣誉），学校精神一流：竢实扬华、自强不息。更重要的是本科几年的学习让我心中澎湃着一个"交通强国梦"。

从浮躁、迷茫到豁然开朗

2018年6月27日，以我们团队特有的"研零"阶段为序幕在西南这边开始了硕研生活。

大概一个星期，拟定了初步的研究方向。有了方向，自然要为之付出努力。首先，需要阅读一篇179页的全英文博士论文，这篇论文介绍了一个研究轮轨瞬态滚动接触的新方法及其应用；然后是ANSYS/LS-DYNA和Hypermesh等软件的学习。这都只是展开研究的预备性工作。掌握这个新模型的过程中遇到许许多多问题，印象非常深刻：英文论文中有大量的专业术语和大量生词，十分影响阅读，我只能挨个翻译标注，费了很大劲读完一遍又发现什么都没读懂，读了第二遍还是不能对师兄的问题给出满意答案，接着反反复复读了很多遍，花费了很多时间；建模过程中的反复试错调错，也极大地挑战着我的耐性。我其实是一个很浮躁的人，我总希望走得快点再快点，做事情要速成并且高效，我总想一天时间做别人1.2倍甚至更多的事情。那个时候为充分利用夜晚时间，需在睡觉前把模型调好放到工作站上计算，就经常晚上弄到很晚，9月份在青岛出差时心里也一直装着这个事。尝试了很长时间，而与此同时做其他方向的同门都有一定的进展，相比较，我感到很挫败很迷茫，甚至想换方向。

每周六上午的团队例会，那些师兄的汇报让我惊叹不已：研究内容和取得的成果、PPT的制作、图表的绘制、表达能力都非常出色；组内近1/3是博士，师兄们解决问题的能力、科研思维、写作能力更让我觉得和他们差距很大。

另一个插曲与自己的预期有出入：研二转博、研三考博或申请考核、工作回来读博的师兄在这一年意外地多，将团队里的十个名额都用完了，也就是说我要晚一年转博。到西南这边，初心本就是硕博连读，而团队里良好的学术氛围更加坚定了我读博的想法，晚读一年基本意味着要晚毕业一年，这让我觉得很失落、迷茫。

最后，我没有换方向，坚持了下来，同期组内最先、相对师兄用了较短的时间将模型掌握，并编写了一系列后处理的原创代码，年前7个月做的东西可以支撑硕士毕业，恢复了对读研的信心。第一个寒假对浮躁的心态进行了调整，不再那么急躁：心想晚读博一年也不要紧，短期内看晚毕业一年，放到人生中看一年很短，更何况多读一年多些积累也不会白读；向师兄们学习但不跟他们比较，毕竟他们多了几年积累。新的一年，将第一个学期做的东西整理出来投了一个业内最好的EI期刊，在老师和师兄的带领下渐入佳境，每天都感觉有进步有收获，也逐渐找到了乐趣。

突破自己的规则，欲行万里路

经历过迷茫，才能更真实地了解自己的需求，我不想因生活中不断席卷而来的诱惑迷失自己，不想忘记本心。在现在破四唯、去SCI和专业的人做专业的事的背景下，我更想努力学真本事，简单纯粹地做一做研究，期望像复旦大学附属华山医院张文宏医生一样，以过硬的专业技能和实际行动来增强话语说服力、去改变社会生活中的一些乱象。

越是如此，越应寻求改进，找到舒适的进步方式。一直以来，我给自己设的规则太强，短期计划、长期计划、要如何如何等条条框框有点限制自己，一眼能看到头；现在准备突破自己的规则，不设限，适当添加一些未知性。国内的高铁技术发展迅猛，在国际上领先，但依然有许多问题亟待解决，更何况越是擅长越要求新求变、常用常新。现在，我选择了另一种充满风险与挑战的方式，争取到国外学习交流，开阔思维，融入"一带一路"，继续深耕本专业，以期今后为"交通强国"起到一点儿实质性的推动作用。

独一无二的小人物

这个飞速发展的大时代里，我们每个人都是小人物，而恰是所有独一无二的小人物组成了这个大时代。改变世界的，一定不只是英雄，更会是一个个平凡普通的小人物。而改变世界，我们只需要始终好奇、对简单逻辑保持警惕，常怀梦想、不断坚持、保持学习，敬业乐群、奉献社会。这个大时代里，缺你们不可。

个人答辩，请扫二维码

一直走在自我驱动的路上

冯晓华

冯晓华，女，华东交通大学理学院光电信息科学与工程专业2018届毕业生。

2017年华东交通大学"闪耀花椒"校长奖学金获得者。本科期间曾获国家奖学金、校级特等奖学金、校级一等奖学金、校级二等奖学金等。获得第十五届"挑战杯"全国三等奖、全国大学生数学建模竞赛（国际赛）全国一等奖、美国大学生数学建模竞赛国际三等奖、江西省大学生物理竞赛省级一等奖、全国大学生数学建模竞赛省级三等奖。获得"优秀毕业生""华东交通大学三好学生"等荣誉称号。目前就读于华中科技大学物理学院精密测量引力中心。

毕业近两年，我回想起大学生活，觉得可以用从迷茫到有目标来形容自己专业进修的路程，可以用从"狭隘"到开阔来形容自己对科研理解的心路历程，过程中最重要的就是培养了自律自强、独立自主的精神和摆脱舒适圈的心态和习惯。

坚持，瞄准目标不动摇

刚进入大学的我，就是一名普普通通就读于非王牌专业还经常感到迷茫的学生，第一个学期的生活就是按部就班地上课，业余时间有时去兼职，有时在学生会和社团帮帮忙，直到学期末成绩以及专业排名公布的时候，看到自己排到专业第二，只记得当时"嘲讽"自己："这是千年老二的命！老是差那么一点点。"有的人也许看到这还会反问"第二名"怎么了，不也是上游吗？其实写到这里的时候，我也想起来原来总是听到学习比自己好的人拿到成绩单经常说"哎呀，没考好"的样子，那时候不懂人家为什么对那么好的成绩还不满意，现在才明白，越是优秀的人，对自己的要求也越高，他的目标不仅仅是小范围的超越谁，还是和自己较劲，和自己比拼。

也许是被自封的"千年老二"的名号所刺激，在那一刻萌发了贯穿整个大学的强烈的"胜负欲"，我在看到成绩排名的短时间内就确定，不论我读的专业被别人评价为多普通，不论我原先是一名多普通的学生，我也要在大学摆脱"普通"的标签。

后来的几年在专业课的学习上，我先改变只做到大概理解的学习习惯，每一节课都坐在环境干扰最小的第一排，理论知识尽量课堂上消化。工作日的课余时间一般都在安静的图书馆度过，在图书馆看见大家都在认真学习的状态，也是一种对自己的暗示和激励，在课后的学习过程中。如果遇见知识盲区，自己便通过各种方式查资料解决，遇到问题不要习惯性地去求助别人，而是要培养自己独立解决问题的能力。此外，我经常给自己讲述知识点，来考核自己对知识点掌握的情况。慢慢培养起来的这些习惯，使我遇到知识难点的时候就像有强迫症一样只想去攻克它。到大二下学期，我的成绩排到了专业第一名，第一次有"胜利感"的反馈，但并没有让我感到像完成任务的放松感，反而更让我有了要突破自己的动力。后面的学习过程，就是超越自我的过程，不断地去深刻了解专业知识理论，也不断了解光电专业对应的科研方向。在大三的时候，我加入了罗春伶老师带领的竞赛小组，开始只是协助小组整理资料，在整理资料的过程中，开始对当时的科研方向有了初步的了解。为了竞赛项目进度的推进，我主动承担起实验部分内容，在实验的过程中，也对原来所学的一些理论知识有了更加深刻的认识。后来又和整个小组的同学，完成了整个流程：项目申报，到准备材料，增加实验论证，撰写论文。现在想起来那段经历，我认为对于科研的认识，就是起始于那次参加竞赛，它让我完整地经历了一次从立项到结题的全过程，这对于我念研究生后快速进入科研状态有着很大的影响。

突破，走出心理舒适区

大学期间，不仅仅是学习成绩进步以及自律自强的心态让我印象深刻，还有两段经历也让我记忆犹新。

一段是我三年级参加挑战杯竞赛的经历。我们小组冲进国赛后，我当时代表小组去上海参加总决赛，开放式答辩的环境让我有机会在展区里与其他高校的同学交谈，了解其他高校的科研动态，虽然进入总决赛我的心情已经很激动了，因为这代表着专家对我们项目的肯定，但是对比完，我深知我们还有很大的进步空间，不论是我们学生的科研态度和科研深度，还是我们对作品的打磨程度。从上海回来的路上，我就想这次竞赛已经结束了，如果还有这样的参赛机会，我们就应该把竞争对象的范围扩大到全国的小组，而不是在学校以及省内取得一些成绩后就觉得满足。

第二段是参加保研夏令营的经历。那时候有机会参加了天津大学、南开大学、同济大学、厦门大学、中山大学、华南理工大学以及华中科技大学这七所学校夏令营，入营期间详细了解了各个院校的科研实力，有幸参观了他们的实验室，以及聆听了很多优秀教师关于项目组和科研项目的汇报。因为参加的是保研夏令营，我们需要进行面试和笔试，这么多场下来，我的笔试成绩一直排在营员上游，但是面试时，我看出了我和别人的差距。很多来自名校的同学的履历中，我认为他们加入的科研组、参加的其他比赛以及参与的课外活动不论是在数量上还是在质量上都是高于我的。即使我最后拿到了心仪院校的预录取通知书，我也不认为我是在专业实力上很有优势，我缺乏的是像其他学校学生长期培养出来的科学素养，知道这点不足后，也为我以后的学习过程提供了很大的激励。

当取得一些小成绩的时候，周围的同学、老师以及大环境也许对你表现出鼓励和赞誉，这样的环境很容易使自己沉浸在"舒适区"，从而麻痹自己。这两段校外经历，它们让我明白我不能把眼光仅仅局限在我的专业，我的学校，不能因为自己的一些小成就就沾沾自喜以及放慢学习的步伐。正是这两段让我走出学校的经历给我一个正反馈，让我继续燃起斗志，不断为了突破自己而努力。

毕业的时候，我参加了优秀毕业生的典礼，看着大家的履历，我感慨其实虽然大家在读大学期间的专业以及这几年获得的荣誉不一样，但是他们实现的过程其实都与极强的自律性，独立能力以及不断走出"舒适区"挑战自我的态度相关。不论是在大学还是现在，我一直告诫自己："沉住气！"低谷期不自怨自艾，及时调整学习和工作的状态，取得成绩时不得意忘形，及时总结经验，走向更好的自己。

成长，为国家战略需求奋斗

毕业后，我在华中科技大学物理学院引力中心开始了我的研究生生涯，攻读专业为精密测量物理，成为中国引力波探测计划"天琴计划"测地方向分支的一名成员，研究方向为大型激光陀螺仪。大型激光陀螺仪通过增加尺寸来提高测量地球自转角速度的灵敏度，从而完成高分辨率的地球定向参数的确定，实现我国地球定向参数的自主可控，同时也为"天琴"星载引力波探测工程做出贡献。我就读的引力中心自1983年成立，在罗俊院士带领下，一直围绕引力基础物理科学问题和精密重力测量国家需求开展研究，引力中心始终秉承发扬"创新精神、吃苦精神、团队精神"的团队文化。2018年8月30日，《自然》杂志以长文的形式在线发表了华中科技大学物理学院引力中心团队对万有引力常数G的最新测量结果。在中心，优秀的同辈和前辈成为我的榜样，在他们身上我不仅看到严谨的科研态度，还有一种执着、乐观的科研精神。我的科研动力很大一部分就是来自这些优秀的前辈，我也想在这样一个优越的平台上通过自己的努力获得自己的成就。还有一部分动力来源于自己，我深知这个机会来之不易，我们经常说的机会其实都是通过自己努力才能遇见的，当机会来临的时候，就要一定尽全力抓住。

在任何时候，自我驱动都很重要。也许我们现在在自己的领域只是一名普通的员工，一名普通的学生，如果想要改变平凡的现状，不要担心自己是不是有能力变得优秀，不要担心同辈压力和工作任务的挑战性，要把所有压力换成正面的心理暗示，从改变和迈出第一步开始，要不断开阔自己的眼界，不断跳出自己的"舒适区"，让自律成为生活习惯，改变自己从现在开始一点都不晚。

个人答辩，请扫二维码

科研路上——做一个勤奋的追梦者

毛　曦

毛曦，男，汉族，华东交通大学材料科学与工程学院高分子材料科学与工程专业2018届毕业生。

2017年华东交通大学"闪耀花椒"校长奖学金获得者。学习成绩优异，获校长奖学金，国家奖学金，国家励志奖学金，校特等奖学金、一等奖学金、二等奖学金。积极参与科学研究，并取得一定的成绩，曾获第二届全国大学生材料设计邀请赛第二名，第十五届"挑战杯"全国大学生课外学术科技作品竞赛自然科学类校级三等奖、省级三等奖。同时，申请了一项专利。现已保送至华中科技大学继续攻读硕士研究生学位。

学习，请选择让自己痛苦的方法

大学最主要的事情还是学习，学习专业知识与技能，而我的学习方法还是在大一上化学概论时由王老师传授的。当时第一堂课，王老师要求我们写课堂预习笔记，课堂笔记与课后总结笔记，此外这门课还会有很多课后作业。和其他课程相比，这门课显然要求很多，作业繁多，需要花费很多时间。但当我按照老师要求，做完并做好这些事情时，才发现老师的良苦用心：课堂预习可以让我知道老师课堂上要讲的知识点，同时标记出难点；课堂笔记能够加深自己对知识的理解；而课后总结则是对知识整体框架的归纳，是书本由厚变薄的过程。虽然这个过程很痛苦，需要消耗很多时间，但这是一个行之有效的方法。在之后其他课程的学习中，这种学习方法非常适合我，依靠此方法我将专业知识学得比较扎实。

其实学习并没有什么捷径，勤奋便是最好的捷径，虽然这个过程是痛苦的，但同时它是对我们有益的。勤奋不仅是我们中华民族的传统美德，更是一个优秀的人所必须具备的品质。在韩国、日本流行一个"四当五落"的说法，意思是一天睡四个小时能考上大学，但是睡五个小时就会落榜。而我们经历过高考，考上了大学，学习的内容和高中不一样，但是学习压力可不会比高中小，只有勤奋才是最好的学习方法，即使这个过程会很痛苦。然而多年以后，回想此时，我们会感谢那些曾经让我们痛苦的事情，因为它们会让我们成长。

源于好奇，初识科研

小学课堂上，老师问起我们的梦想，多数小朋友想成为科学家，因为在我们心中，科学研究是一项崇高且神圣的事业，科学家是无所不能的，他们能为我们提出的一切问题给出专业的答案。当自己进入大学，开始接触科研，才发现科研生活与自己想象中的科研生活不一样。我所学的高分子专业是以实验为基础的专业，相比在课堂上学习的理论知识，参与到导师的科研项目中，更能帮助我们锻炼自己的实验技能，养成良好的科研习惯，了解到我们专业研究前沿。从大二暑假开始，我有幸进入导师的实验室，主要从事功能性化学凝胶的研究。还记得我第一次到导师实验室，看到那个无色透明果冻状的凝胶时，就深深地被它吸引了，这种材料是怎么得到的呢？由于当时还没接触到专业课，不知道什么是高分子链，什么是交联。而我的导师——郭老师为我悉心解答：聚合物链通过共价键的作用能够形成交联的高分子网络，而聚合物链上亲水的侧基吸附水分子形成凝胶，此外引入可逆动态共价键可使凝胶具有自修复的功能。从那时起，我觉得科研是如此神奇，能够根据自己所想设计制备出材料，我的科研从这里开始。

之后的那些日子，实验室成为我课后、周末常去的地方，我在这里学习书外专业知识，跟着学长们学习实验操作技能，在老师指导下开始自己的课题。通过在实验室不断地学习，我的实验操作技能与专业知识都得到了很大的提高，获华东交通大学"双基"竞赛之"大学生化学实验技能竞赛"一等奖与江西省大学生科技创新与职业技能竞赛化学实验赛项本科组二等奖。现在回想起来，令我印象深刻的是参加第二届全国大学生材料设计邀请赛的那段时间。当时我们的参赛作品是一个具有近红外响应的水凝胶，其能作为药物载体，在近红外光的照射下实现特定部位（如肿瘤部位）的药物释放。针对这个比赛，我们根据水凝胶的这一特性，设计了一个近红外光响应开关，能够通过近红外光调控电路的开与关。然而从得知我们进入复赛的消息到复赛开始只有一个月的时间，我们积极准备实验样品，设计海报，设计装置，准备答辩PPT，时间紧迫，任务繁多。除了平时上课，其他时间我们都会到实验室去准备这些事情。尤其是到了最后一周，我们每天都在检查海报、装置、PPT，每晚待到楼下大爷锁门，最终我们和诸多985名校学生同台比拼，并得到了第二名的好成绩。在这段时间里，导师对我们悉心指导，为我们指点迷津。这次比赛能取得这么好的成绩离不开我们队长的努力，他是一个极为认真负责的人，海报与装置的检查，他看了一遍又一遍。而答辩的PPT，他更是每天练个十来遍。而今他是我们学校的硕士研究生了，科研做得十分优秀。他身上的认真负责、勤奋踏实一直是我需要学习的地方。

直到现在，我非常感谢自己实验室的经历，这段经历除了让我学会了一些专业的知识与实验操作技能，更让我开始了解到科研，在这里得到启蒙。我还要感谢优秀的老师和学长，老师平易近人的待人方式、严谨的科研态度，学长的踏实勤奋都值得我学习。优秀的人身上优秀的品质值得我们去学习，在学习的过程中，慢慢地变得像他们一样优秀，当优秀成为一种习惯，在面对未来的挫折时才能波澜不惊，从容不迫。

保持热爱，追梦科研

然而科研之路注定不是一帆风顺的坦途，挫折和失败是经常会发生。记得我在做毕业设计时遇到过很多的问题，其中最大的一个问题是设计的可降解材料的降解性能和预期的结果相差较大，只能部分降解。在老师的指导下，我重新制备了材料，加大还原剂的用量，尝试过很多次但还是不能解决这个问题。当时我的心情很低落，甚至会自我怀疑，怀疑自己是不是不适合做科研，尽管老师安慰我说材料不能完全降解有可能是材料设计的问题。这个问题一直困扰着我，直到我做完毕业设计仍然没有解决，写在我的毕业论文的不足之处里面。随着对科研的不断了解，我发现原来这就是科研与基础化学实验的一大不同点，我们的基础化学实验是已知实验结果的，只要按照正确的实验步骤进行，就能得到预期的实验结果；但是科研结果是未知的，即使我们按照我们的实验设计进行实验，制备材料，所得的材料性能并不一定和预期一样。但这是否说明我们的科研是不是没有意义的呢，当然不是，每一个科研工作只要能解决一个问题，我们的科研就是有意义的。

近年来，我国各方面都取得了非常巨大的发展，高铁让我们的出行更加便利，军事实力的提高为我们提供了一个和平的环境。但是在我国发展过程中也遇到了很多问题，尤为突出的一个问题就是芯片面临美国等国家"卡脖子"，我们的科技实力和美国存在一定差距。科技实力的提高则需要无数科研工作者夜以继日地开展科研项目，不断攻坚克难，解决一个又一个关键科学问题，才能实现中华民族伟大复兴。诚然，从事科研不能为我们带来非常好的经济物质条件，还会面临巨大的科研工作压力，撰写基金报告，申请项目，熬夜成为科研工作者的常态，脱发也是我们必须要面临的问题。但是当科研与国家富强紧密联系起来时，科研的意义与重要性就不言而喻，也许我们现在做出来的材料并不如我们设计的性能一样，也许我们现在所做的短时间内无法应用，也许我们做的只是理论研究，但是这些都是科研，一部分可以摆在货架上，一部分写在书本上，都可以推动我国科技进步。而我们只要保持心中这份激情与热爱，勤奋踏实，定能在科研事业上做出一番成就。

大学四年，弹指挥间，我学习到的不只是专业知识，更重要的是"花椒"老师与同学们身上优秀的品质，与优秀的人同行，自己也变得优秀。虽然我的大学四年除了学习专业知识就只有科研生活，但是我不后悔，因为这是我的选择，科研生活适合我，在我看来它并不单调。在此，我非常感谢导师与学长，他们带我接触科研，了解科研，他们认真严谨的科研态度一直影响着我。而今我还在科研路上，前方崎岖坎坷未知，但只要心中的激情不灭，一定会有所突破，希望到时能为祖国，为社会贡献出自己的一份力。

个人答辩，请扫二维码

于无声处听惊雷

钟　浩

钟浩，男，中共党员，华东交通大学机电与车辆工程学院机械设计制造及其自动化专业2019届毕业生。

2018年华东交通大学"闪耀花椒"校长奖学金获得者。在校期间学习成绩优异，GPA（平均学分绩点）排名专业第一，综合测评连续四年专业第一，先后获得国家奖学金，校特等奖学金、一等奖学金，陈学庚院士奖学金以及明堂山奖学金，获得"优秀共产党员""三好学生""学习标兵"等荣誉称号。科创能力突出，申请发明专利19项，实用新型专利授权19项，先后获得中国工程机器人大赛国家二等奖，三维数字化创新设计大赛江西省一等奖，机械设计创新大赛江西省二等奖，挑战杯江西省三等奖等。现已保研至华中科技大学继续攻读博士研究生。

给迷茫一个答案

毕业已经半年有余，回想起四年前的那个夏天，第一次离开山东老家来到千里之外的南昌，来到渴望已久的双港东大街。和大多数同学一样，对未来充满憧憬和向往，想要有一个完美的大学生活。在经历了军训、学生会选拔、社团报名之后，眼前丰富多彩的校园活动让我意识到大学真的和高中生活很不同，这让我觉得很自由很兴奋但内心也有些许的迷茫，我究竟要怎样度过我的大学生活？

我依然记得第一次对我内心有所触动的事情就是班级第一次导师班会。我的专业导师欧阳老师让大家做自我介绍并谈一谈自己对未来的打算，有些慢热怕生的我不知道该说些什么，但是我还是鼓起勇气站在讲台上对大家讲出：我要考研，继续深造，为国家制造业尽一份力！不得不说，当时说出这个想法对一个大一新生来说是有些荒唐的，我自己也没有很明确的目标。但是我非常感谢那一次经历，因为作为班里为数不多表达出自己志向的人，给欧阳老师留下了一个好印象，以后每次老师见到我总会鼓励我继续加油，看好我。老师的支持和鼓励对我产生了很大的影响，我决定沉下心来，好好学习，不管未来怎样，先立足于当下。渐渐地，我爱上了泡图书馆，爱上了和大家一块在图书馆努力的感觉，终于在大一上学期的期末考试我排名班级第一，这也让我觉得自己的努力没有白费。就这样，我也渐渐地变得更加自律，想要追逐更大的目标。最终，随着专业知识的深入学习，在欧阳老师的鼓励和支持下，我对科研产生了兴趣，我想要自己做出些东西，从此内心也就多了一份坚定，少了一份迷茫。

相信大多数同学也和我一样，总会经历一段时间的迷茫，如果你还不知道自己到底应该怎么做，那请不要自暴自弃，先静下心来去尝试一些有意义的事情，未来不会辜负努力，总有一天会守得云开见月明。

给理想一份坚持

从大二开始，我渐渐接触到很多优秀的学长学姐，他们不仅学习成绩优异，而且科研能力也很出众，在听取了学长学姐的分享之后，我也想要成为和他们一样优秀的人，想要运用自己所学做出属于自己的作品。但是所有的成功都不是一蹴而就的，背后都需要付出无数的努力和汗水。

至今我还清晰地记得在大三上学期末十一月份时，中国工程机器人大赛暨国际邀请赛正式开启，得到消息后，我立即找到王老师告诉他我想要参赛的想法，但这类比赛我还是第一次接触，没有任何经验，完全是白手起家。在筹备阶段，我认真学习了机器人循迹所需要用到的编程语言以及针对不同地形可采用的机械机构，在熟悉了基础理论之后，几乎每天一下课就往实验室钻，不断地思考到底什么样的结构才能实现全障碍通过。那个假期我选择留校了一段时间专心研究，和团队中的另外两位同学相互配合，不断突破各个难题。

在备赛后期那幅全地形地图早已印在我的脑海里，为了能较好还原比赛场地的环境光线，我们每天都需要测量实验室光线对传感器的影响，趴在地图上去观察传感器距地面的距离，寻找最恰当的调试参数。但因为传感器对光的变化太过于灵敏，稍微改动一下传感器的结构，对赛道的识别就不一样，白天实验根本无法匹配易变的太阳光强度，实验只能移到晚上进行，每天晚上都要试验到11点多实验室关门，周末更是整天待在实验室。一次次拆掉再重新组装，螺丝刀拧到滑丝，手指磨出水泡，最后终于确定了最终的方案——前倾角双履带越野机器人。

四月底，我和团队成员前往中国地质大学（武汉）开启了比赛的征程。竞争对手包括清华大学等数百支队伍，整场比赛压力很大。刘燕德院长亲自到武汉观赛，我明白这场比赛不仅背负着自己的理想，更背负着学校的荣誉。然而，赛前状况频出：履带打滑，电机转速不一，主板短路烧毁……越是调试，机器人越是无法跑完全程。那几天，我们每晚回宾馆的第一件事就是先检查程序，然后一点一点地调程序，改结构，第二天早早去比赛场地占位置，争取多试几次。比赛在正式上场之前可以在模拟场地试一遍，但是我们的机器人竟然一个障碍都没过，当时就特别担心，没想到在正式的场地我们的机器人最终只有一个障碍没有通过，其余障碍全部通过，达到了预期效果，我们的付出最终得到了回报，这确实离不开团队的配合和默默在身后给予我们莫大的鼓励和支持的老师们。

汗水铸就的成功更让人真切地感受到一些东西的存在和价值。每一段追梦的路途上都充满荆棘，请不要放弃，既然选择了就给自己的理想一份坚持，不坚持一下又怎么会知道自己行不行呢？那种坚持之后获得成功的感觉是幸福的、感动的、值得的。

给未来一个期许

在经历过迷茫和坚持之后，终于也算是看清了自己以后的道路。我在大四上学期获得保研资格，保送华中科技大学直博生。这在我人生道路上又是一个重要的转折点。本科四年的积累让我对自己的专业有了初步的认识，也激起了我继续探索的信心和决心；也非常感谢学校给予的平台和老师们给予的鼓励和支持，这极大地开阔了自己的视野，让我意识到未来依旧任重而道远。

现在的我已经是华中科技大学机械电子信息工程系的一名直博生。本科阶段的企业实习，让我认识到我国制造业仍存在较大的短板，尤其是数字化智能化程度与欧美国家有较大差距，这在一定程度上降低了生产效率，人工劳动强度较大。随着我国劳动力成本的提高以及工业化转型进度的加快，这对我国的工业生产模式提出了新的要求，在当前这种时代大背景下，我选择了数字孪生作为自己未来五年的研究方向。数字孪生这一概念最早由美国密歇根大学教授Michael Grieves博士于2002年提出，诞生最初主要应用于美国军方以及航空航天领域的零部件维护以及装备寿命预测。2011年3月，美国空军研究实验室结构力学部门的Pamela A. Kobryn和Eric J. Tuegel，做了一次演讲，题目是"Condition-based Maintenance Plus Structural Integrity (CBM+SI) & the Airframe Digital Twin"（基于状态的维护+结构完整性&战斗机机体数字孪生），首次明确提到了数字孪生，并将其定义为"一个集成了多物理性、多尺度性、概率性的复杂产品仿真模型，能够实时反映真实产品的状态"，这一概念也被广泛认可，从该定义中可以延伸出：数字孪生的目的是通过虚实交互反馈、数据融合分析、决策迭代优化等手段，为物理实体增加或扩展新的能力。作为一种充分利用模型、数据、智能并集成多学科的技术，数字孪生面向产品全生命周期过程，发挥连接物理世界和信息世界的桥梁和纽带作用，提供更加实时、高效、智能的服务。近年来，数字孪生连续登上世界最权威的信息技术咨询公司Gartner（高德纳）发布的新兴战略性技术榜单。2017年11月，世界上最大的武器生产商洛克希德马丁公司将数字孪生列为未来国防和航天工业6大顶尖技术之首。

未来五年我将以此为方向，致力于我国制造业的数字化转型，为中国制造2025贡献自己的一份力量。未来的道路一定也是铺满荆棘，但是我也充满信心，过去四年的积累让我的心智变得更加成熟，让我变得更加坚韧和顽强，让我能更加理性地分析遇到的问题。我还会静下心来，积极探索未知世界的大门，心系祖国的进步与发展，将来到祖国需要的地方去，做一颗默默无闻并发光发热的螺丝钉。于我而言，人生最大的惊喜便是于无声处听惊雷吧。

每个人都有不一样的人生，都可以活得与众不同。以上便是我对过去几年的一些感悟，希望能给学弟学妹们一些启迪，能够在"花椒"度过一段无悔的青春人生。

个人答辩，请扫二维码

身穿绿军装　生命献国防

李志浩

李志浩，男，汉族，中共党员，华东交通大学国防生学院通信工程专业2019届毕业生。

2018年华东交通大学"闪耀花椒"校长奖学金获得者，曾任国防生学院副班长、班长、排长、连长、足球队队长等。训练刻苦、工作认真，曾获得国防生学院"军事训练先进个人""优秀教官""拉练先进个人"等荣誉称号。敢打敢拼、勇争第一，曾获得国防生军事比武"100米第一名""3000米第一名""乒乓球第一名"，在原南京军区第一届"强军杯"足球赛中，五连胜拿下冠军。学习认真，积极参与各项活动，曾获得"校优秀共青团员"的荣誉称号和"文体活动奖""三等奖学金"，现已在武警部队天津总队工作。

秉承先辈旗帜，选择中国国防生

小时候，我喜欢听爷爷讲部队里的故事。爷爷是一名退伍老兵，曾参加过金门战役。"敌机轰隆隆地飞过来，爷爷精神高度集中，投弹、发射，击落了三架飞机"，我在这些军营故事里耳濡目染地长大。爷爷经常教育我："有国才有家，男儿要学会保家卫国"。

长大后，我只有一个信念，就是要秉承先辈旗帜，加入中国人民解放军，保家卫国，为祖国奉献一生。

2015年，高考结束，我的选择是中国国防生。

初到花椒的暖心事

2015年8月，与花椒初次见面，我看到"国防生大楼"五个大字，是心安，是自豪，更是热血沸腾。然而，一切并不是那么容易，当所有的期盼、新鲜感悄然离去，这种全新的生活——清晨的早操、整齐的队列、嘹亮的呼号、超量的训练、整洁的内务、紧急集合、学习教育、新闻读报等等，便给了我当头一棒。被子叠不好、训练不达标、集合速度慢，不得不承认，这段时间我迷茫、难过，无法适应。

这是每个新兵的必经阶段，我们的这种状态，全部被骨干们看在眼里。这个时候大四学长待我们如同亲弟弟，对我们的关心无微不至：一块坐在篮球场上聊天；一块手把手地帮我们叠被子、教我们叠被子；一起给连队的同志们过生日；一块在训练场上挥汗如雨，给我们鼓励；一起度过了离开家的第一个中秋节、"月是交大明，心是花椒红"茶话会……一切都让我感到家的温暖，正是因为有这群骨干，我真正融入了这个集体，爱上了这个家庭。

一位首长说过：骨干是班长，是兄长，是保姆，是父母，更是老师。在后来的聊天中，我才知道，当初那群骨干为了让我们适应部队的生活、适应部队的节奏花了多大功夫。他们用他们的努力、心血培养了我们，让我们不再恐惧，让我们热情满怀，开启部队生涯。

永不服输，敢于自我加压

军人因使命而生，军队因使命而存。习近平主席反复强调"就像工人要做工、农民要种田一样，打仗和准备打仗是军人的天职"。军事训练是提高战斗力的根本途径，体能训练是军事训练的基础。

　　入学初，每天最少八公里的体能训练让我身体上吃不消，一次次拖着疲惫的身躯回到宿舍，费劲地迈开腿爬上床，缓解一天的辛苦，第二天却要依旧重复。记得有一次训练，骨干说今天测五公里，当已然用尽全身力气跑完后，骨干笑眯眯地说再来一个，那真的是绝望且难忘，你永远不知道下一秒会发生什么。还有一次，大家都在做俯卧撑，指挥员突然说道变三指俯卧撑，我心想：变就变呗，还能做不来咋地？做一会后，变为了两指，此时已经开始吃力，过一会，终于变成了一个拳头，就这样撑着，咬着牙撑着。像这样训练中的小故事举不胜举，这对体能是一个磨炼，对心灵是一种磨砺。

　　可是自己选择的路，跪着也要走完。现在不拼搏，更待何时，青春只有一次，就是要不留遗憾，就是要做到最好。别人六点起床，我就五点起床，先奔袭五公里再进行连队训练；下午体能，不管多累，我都要冲在最前面；睡前也要加练，一百个俯卧撑、一百个仰卧起坐、一百个深蹲……因为我记得主任说过：好军人要敢于自我加压。

独狼战斗，群狼攻坚

　　小时候酷爱足球，来到交大，我对足球有了全新的认识。主任讲："足球即战争，战场无亚军，我们的目标不仅仅是打赢对手，而是打垮对手，摧毁对手想赢的斗志，让与我们交过手的对手感叹，华东交大国防生，不可战胜。"

　　大一上学期我有幸能够成为足球队一员，参加原南京军区第一届"强军杯"足球赛。记忆最深的是奔赴浙大客场作战，由于我们不适应场地，怎样都无法攻破对方球门，上半场0比1落后，中场休息的关键时刻，主任调整战术，改变打法，结果立竿见影，5比1拿下比赛，那是一场险胜。赛后，主任讲："客场作战的一切不利因素都是磨刀石，中国军人不能只适应家门口作战，总有一天要走出去。"我懂得了足球不仅仅是一项运动，更是一种精神、一种血性。

　　为了激发国防生训练热情，选培办开展一年一度"军事大比武"，这是一个拼搏场，亦是一个荣誉场。每逢比武前三个月，训练场上一派热火朝天，不论是个人还是集体，为了目标与荣誉，纵使寒风刺骨，也坚持不懈、挥汗如雨。大一时我也参加了3项比赛，经历了赛前的坚持加练，赛中的顽强拼搏，赛后的暗下决心。军事大比武见证了我的成长，见证了我们这个集体的成长。

大一下学期，原南京军区组织所有校国防生进行暑期集训，出去就是一个比较，集体永远高于个人，集体利益永远高于个人利益。不管是简单的内务评比还是训练评比，我们都要勇争第一，克服自己的懒惰思想、享乐主义，将任何事情做到最好。从小事做起，一点一滴，高标准、严要求，最终我与战友一起收获总评第一的成绩，最自豪的时刻是集训队长讲：交大国防生就是不一样。

完成积累，做文武兼备"花椒"国防生

毛主席讲过：没有文化的军队是愚蠢的军队，而愚蠢的军队是不能战胜敌人的。重视学习、坚持学习、善于学习，是我军从成立初期就特别重视的优良传统。

争当新一代"四有"国防生，不仅要有过硬本领，更要有英雄血性、独立灵魂。英雄血性从哪里来？从实战中来，从训练中来，从先进典型事迹的熏陶当中来。独立灵魂从哪里来？从理论中来，从实践中来，从学习中来。

一名优秀的基层指挥员必须是全能的，站起来能讲，坐下来能写，拉出去能打赢；懂指挥，会管理，能协调。课余时间，我在阅览室潜心钻研，读《名将传》《党史军史》等，筑牢思想根基，筑牢"一不怕苦、二不怕死"的英雄血性；读《孙子兵法》《基层带兵理论》等，努力完成军事理论储备、军事技能储备、战术思想储备；系统性地学习《心理学》，通过专业知识的教学能够正确及时地做思想工作，努力筑牢思想这一道防线；学习组训教学，将自己摆在指挥员的位置上，提高教课讲课水平，为部队任职打下坚实基础。

散作满天星

每年七月份，都会有毕业的学长学姐奔赴祖国的各个角落，把奋斗起点设置在雪域高原，把理想抱负定位于祖国边陲，更有许多人甘愿选择到艰苦边远地区戍守边疆，用大爱与担当见证国防生的家国情怀和责任担当。花椒于我们，是让我们懂得使命与担当，是让我们懂得奉献与坚守。

立足岗位，砥砺前行

国无防不立，民无兵不安，一个国家，一个民族最重要的是两个事情:安全和发展。安全是基础，发展是要务。在学校，更多的是一名学子，现在的我，是一名武警战士，手握钢枪，立足岗位，守卫祖国，在实践中则有了更多的感悟。

一、随时准备打仗，能打仗，打胜仗

"养兵千日，用兵千日"形容武警部队再合适不过，时刻在执行任务或者准备执行任务当中，定位在城市，守护着城市，这是我们的职责，这是我们的担当，我们不允许有一丝一毫的懈怠。执行任务途中会遇到各种突发事件，那时才意识到本领是匮乏的，永远不要自我满足，永远都要学习，永远都要练习本领，做能学习的兵，能打胜仗的兵。

二、于平凡中坚守

初次任职，我的首长告诉我，当兵不是轰轰烈烈，更多的是平凡中的小事，要能弯下腰，做小事。我时刻谨记着，不好大喜功，不因一点小事沾沾自喜。其实，无论什么职业，什么岗位，都是一样，我们经常讲"做惊天动地事，做隐姓埋名人"，可是初步任职，不可能有那么多惊天动地的事情给你做，我们需要摆正心态，于细微处下功夫。

三、成功是"熬"出来的

革命战争年代，我军长征过程中，天上有飞机狂轰滥炸，地上有百万大军围追堵截，全体战士硬是靠"铁脚板""钢身躯"走完两万五千里，到达陕北后，毛泽东对官兵说："留下来的同志不仅要以一当十，而且要以一当百、当千。"正是经过长征的锻炼和磨砺，我军将领发生了质的变化，不仅学会动员部队、宣传群众，而且学会战略战术；不仅个人信念更加坚定，而且组织更加忠诚纯洁。熬，体现的是坚如磐石的信念、永不屈服的意志、"一不怕苦、二不怕死"的血性胆气和"欲与天公试比高"的英雄气概。

我们亦是如此，愿意"熬"、善于"熬"。

总而言之，手握钢枪，守护祖国；摆正心态，坚守信念；立足岗位，苦干实干，做一名堂堂正正、真真正正的军人。

个人答辩，请扫二维码

乘"东风"之力，走"复兴"之路

吴奇峰

我来自山东济南，2015年9月进入华东交通大学，为机电与车辆工程学院车辆工程卓越班2019届毕业生。在校学习认真努力，四年来综合测评和均学分绩均排名专业前茅，获得了英语六级、计算机二级、二维CAD（计算机辅助设计）高级工程师、三维CAD应用工程师证书。曾获得国家奖学金、2017年校长奖学金、国家励志奖学金、校特等奖学金等奖项。课外积极参加学术科技竞赛，共获得国家级奖项三项，省级奖项五项，校级奖项若干。现于北京交通大学结构强度国家级检测实验室攻读硕士学位。

出身寒门，坚信学习改变命运

我出生在山东省济南市的一个普通工人家庭里，特殊的家庭背景使我从小便有很强的动手能力。初中的时候，家里发生了重大变故，家庭生活变得困难了起来。我深知，只有刻苦努力，才能够改变自己和家庭的命运。

刚入校的我了解到，车辆工程专业在大一下学期会筛选一部分同学进入卓越工程师班，其实当时要加入卓越班看重的只是有空调、Wi-Fi的卓越班教室和小班教学，顺便让自己说起来更好听一些。加入卓越班以后，我开始理解"卓越"二字的真实含义。

卓越并不只是代表个人的成就，更应该为社会、为国家的建设贡献自己的力量。身为卓越班的一员，就应该肩负起这样沉重的使命。只有勤奋、刻苦、努力，才能担负得起"卓越"二字。

因此，这三年以来，我坚持把专业学习放在首位，不管课外的事情有多忙，总是要保证专业学习的时间。在第一学年的综合测评评比中，我排名专业第一，获得了国家励志奖学金、校一等奖学金、校三好学生、校科技活动奖。在大学的第二年，我参加的科技活动变多，占用的时间也更多，但我在学业上依旧严格要求自己，宁可牺牲休息时间，也绝不落下半步。在第二学年的综合测评评比中，我依旧为专业第一，并通过全校公开答辩，获得了该年度的国家奖学金，同时获得校一等奖学金、校三好学生和校科技活动奖。并且，在2017年11月的校长奖学金全校公开答辩中，我所阐述并践行的"工匠精神"受到了华东交通大学校长罗玉峰教授的高度赞赏，脱颖而出，成为全校十个获此殊荣的同学之一。2019年，我以绩点专业第一的成绩获得校优秀毕业生荣誉称号，所撰写的毕业论文成为校优秀毕业设计。除了学业成绩，我还积极参加学术竞赛，曾获得全国大学生英语竞赛三等奖，省大学生英语竞赛优秀奖两次，校"外研社杯"英语写作大赛二等奖，校"双基"物理创新大赛二等奖，校"双基"力学竞赛二等奖等奖项。

我知道，作为一名工科生，扎实的专业知识，才是做一切事情的根本。作为一名卓越班的学生，没有知识，何谈卓越？

投身科创，一分耕耘一分收获

大一上学期，学院里多个科创团队开始宣讲招收新人，和其他同学一样，我也跃跃欲试。恰巧，当时的轨道车辆工程系主任肖乾教授在孵化园成立一个小型的科创团队，本着自己对火车的热爱我报了名。考核过程是漫长的，一开始，作为一个刚进入大学的新人，突然接触单片机、CAD、编程等新名词，开始感觉到无所适从。为了完成考核任务，我不得不拿出自己课余时间，为了学好一款软件，我上网课、泡图书馆、请教学长，终于完成了自己的考核任务，加入了这个科创团队。

大一下学期，我开始尝试着参加一些科创比赛。我和团队中学长学姐共同完成作品"基于射频+红外的电梯智能呼梯系统"，采用红外热释电人体感应探头控制系统开关，采用射频卡智能呼叫电梯，起到高效和节能的作用。这个作品获得了江西省计算机作品大赛二等奖。在准备比赛之前，我只学了一点单片机的基础知识，为了完成作品，我不得加班加点，把自己大部分时间都放在实验室里，终于调试成功了红外识别模块，并将红外识别模块和射频读卡模块结合在一起，将整个模型搭建出来，并制作好了讲解视频。终于在省赛中表现优异，获得了二等奖。

计算机作品大赛结束后，我又投入到了工程训练综合能力竞赛的准备中。竞赛项目是"无碳小车"，即用4焦耳的重力势能带动小车前行，并连续避障。当时我才大一，并没有什么机械设计知识和机械加工知识，只能通过提前自学，以及满腔热血和不服输的精神来做。然而，在校赛中我的作品由于没有进行严格的理论计算就开始了想当然的设计，本着"大力出奇迹"的简单粗暴精神完成了小车的装配，致使小车的行进速度无法控制，固定后轮的螺纹磨损严重，在比赛中只能通过绳子固定后轮，出的加工图纸漏洞百出，被老师批评了很多次。校赛中的表现告诉我，单单有满腔热血是不够的，更重要的是扎实的专业知识。之后，我开始边提前自学机械原理和机械加工相关知识，边准备工程训练综合能力竞赛的省赛。省赛的赛项是自控无碳小车，除了机械装置以外，还要通过单片机控制小车避障，自学红外距离传感器和舵机的使用。临近比赛的几天，为了使小车保持在最佳状态，我和我的队友一整天都待在实验室，废寝忘食地调试小车。终于在2016年10月的省赛中取得了第二名的好成绩，为我们学校取得了一个宝贵的国赛名额。

之后的时间里，我又陆续参加了三维创新设计大赛等多个比赛。这些宝贵的经历，不仅为学院和学校增光，也让我对科创精神和专业知识有了更深刻的了解。

积极实践，传播科技创新精神

参加了一些比赛之后，自己在学院也小有名气，也到了思考自己能为学校做什么的时候了。

大二下学期，我积极协助机电与车辆工程学院组织华东交通大学首届"双基"三维数字化创新设计大赛，全院共有30余组100余人参加了大赛，选送出17组参加省赛的作品，其中有6组脱颖而出参加了国赛。

大三开始，我任校三维创新设计协会组织部部长和教练，组织学弟学妹学习三维建模软件知识，社团最多时有将近200人参与进来，提高自己的科创能力。

大四，我在校轨道运维技术与装备研究中心本科生科创团队任团队负责人。这段时间里，我建立团队成员的例行分享制度，在每周例会时间分享自己的研究和学习所得，促进团队的交流；组织各项大赛前的预答辩和经验分享，促进经验的传承。这一年，很多新人加入进来，曾经的新人也渐渐扛起大旗。

对于我，在社会任职与社会实践中，我得以锻炼自己的组织能力和表达能力，提高自己的社会责任感，更重要的是，我带领着更多的同学积极地参与到科技创新中，将科技创新的经验与精神继续传承下去。

植根兴趣，甘为铁路奉献终生

我选择轨道车辆工程专业，主要是因为我是一个火车迷。小时候，家住在胶济铁路边，从小我就对这些钢铁巨龙产生了浓厚的兴趣，一开始是"东风"，后来电气化后是"韶山"，第六次提速之后是"和谐"号，现在是"复兴"号，这篇文章的题目也由此而来，乘着中国铁路飞速发展的"东风"之力，走交通强国的"复兴"之路。我经常说："在我心中，火车不再是一种交通工具，而是一种勇往直前的力量，不论艰难险阻，总是能够给人们带来希望。"填报志愿的时候，我选择了华东交通大学这所隶属于前铁道部的大学，选择了车辆工程轨道方向，推免时，选择了北京交通大学轨道车辆结构强度实验室，决心为我国的轨道车辆事业奉献自己的青春、热血还有头发。正如天佑精神：自力更生、发奋图强、不怕困难、艰苦奋斗。

现如今，我已在北京交通大学机电学院结构强度实验室学习了半年，也接触了更多的前沿知识。作为铁路领域唯一的结构强度国家级检测实验室，我们承担了高速动车组结构载荷谱等前沿课题，为我国轨道车辆车体、转向架等关键部件进行线路动应力测试和疲劳评估，并完成结构改进。这半年，我在上课的同时，也参与了实验室的一些现场试验项目，如北京地铁和广州地铁新车的动应力测试。在试验中，实验室的教授和我们一样，戴着安全帽，穿着厚重的劳保鞋，在满是油污和灰尘的转向架上贴片、焊接、走线，为试验做准备。而这些教授们身先士卒的努力，使我国的轨道车辆与国际先进水平的差距越来越小。星空就在眼前，无须仰望，要做的就是一步一步脚踏实地。

在车辆结构强度的领域中，我们常用的是欧洲标准和美国标准；动应力的测试设备和软件也来自国外。我明白，中国的轨道车辆，仍然有很多技术需要一代又一代人的艰苦攻关，同时，这也是我的理想所在和奋斗目标。正如我在2017年华东交通大学校长奖学金公开答辩中所说过的一句话："我愿意，也将努力，为中国的轨道车辆事业，贡献自己力所能及的力量，让中国标准的高速铁路、中国标准的高速动车组走遍全国，走向世界！"

个人答辩，请扫二维码

在花椒成长的岁月

雷　鹏

　　雷鹏，男，汉族，中共党员，华东交通大学理学院光电信息科学与工程专业2019届毕业生。

　　2018年华东交通大学"闪耀花椒"校长奖学金获得者。曾任世纪英才十期三班班长、理学院学生会主席等。学习成绩优异，获校长奖学金（书记直通票）、校特等奖学金、二等奖学金及校三等奖学金。获美国大学生数学建模大赛二等奖、第十五届"挑战杯"国家三等奖、"数学中国"大学生建模大赛一等奖、江西省物理竞赛二等奖、"创青春"江西省创新创业大赛铜奖、英语竞赛江西省优秀奖。积极参与校院活动，获得"华东交通大学优秀学生干部""华东交通大学优秀共青团干部""华东交通大学三好学生""华东交通大学社会工作奖""华东交通大学科技创新奖""华东交通大学志愿服务奖""世纪英才优秀学员""华东交通大学优秀毕业生"等荣誉称号，现已推免至天津大学精密仪器与光电子工程学院攻读硕士研究生学位。

　　2015年9月3日是抗日战争胜利70周年纪念日，也是我第一天来到交大的日子。记忆里和爸妈在酒店电视看完阅兵，拖着行李箱去报到的身影和当时心里快要溢出的激动和憧憬，带着一份初生牛犊的稚嫩和一定要不枉年华做出一番成绩的傲然还历历在目。我认真学习专业课程，利用空余时间积极进行科研训练，同时参与学生工作，服务同学。做的事情越多，与交大的交集就越多，对交大爱得也就越浓。经历的磨炼越多，自我的沉淀就越深，也就越明白，年轻时一份简单的想要投身祖国，为祖国贡献一份力量的心，却需要扎扎实实、一步一步地付诸行动。

只问耕耘，不问收获

士欲宣其义，必先读其书。于是入学后我将主要精力放在学习专业基础知识上。认真学习专业课程，有了一定基础后，跟随罗春伶老师学习利用激光整形技术改善关联成像质量。在搭建光路研究问题时，由于外界杂散光会影响实验数据采集，经常需要在遮光环境下操作，为了防止其他外界因素对试验结果的干扰，经常一个人在漆黑密闭的环境下做实验，有时候一做就是十几个小时。在实验中，光路中的一个仪器"空间滤波器"，需要将激光从微米量级的小孔中打出，而调节这个小孔完全要用双手控制，稍微失误，甚至震动平台就会前功尽弃。深知微米量级的孔位能否打准，对试验结果的精确性有着很大的影响。为了找准这个微米孔位，开始不熟练时要花费近一个月的时间，每天直到眼睛酸胀，全身是汗，小心翼翼弯腰一点一点尝试，时间什么的早就抛在脑后。我心中想的只有一定要做好这个实验，调出想要的效果，搭出满意的光路。在构建完整的实验系统中，需要自己推导出整个公式。为此，在老师帮助下，从无数的文献中总结，一次次推导又推翻，无数次陷入死胡同，又从头再来。每次想把思路演化成实际公式，都要推到深夜，生怕第二天睡醒，思路消失。时间是一个伟大的作者，他会给每一个努力付出的人完美的结局。一个多月后，我终于推导出严密的公式，得到老师的认可。在研究过程中，能够独立自主搭建基于液晶空间光调制器的关联成像平台，熟练运用自己的专业以及课后自学知识进行实验研究。有了知识以及实验的积累，我在SCI期刊*Laser Physics Letters*（激光物理信函）发表一篇利用洛伦兹光源改善关联成像质量的论文。申请两项国家发明专利：《基于符合测量的红外成像方法及系统》《光学加密与解密方法、装置及系统》。作为项目主持人，主持一项国家级大学生创新训练项目，获教育部审批立项经费3万元。项目论

文在全国大学生创新创业年会上
展示。在厦门举办的全国大学生
创新创业年会上，教育部高教司
副司长徐青森对我们的项目进行
了指导并表示赞许。在科研训练
和专业学习的道路上诸多老师为
我答疑解惑，给予我无私的帮
助。比如光学专业课的王洵老
师，在学科竞赛前一天晚上十

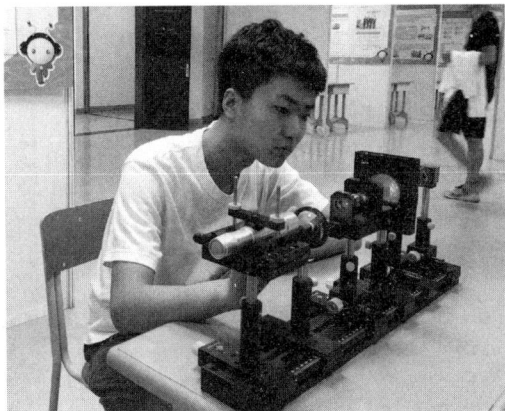

点多，冒着寒风前来指导。参加第十五届"挑战杯"全国大学生课外学术作品大
赛，获得了全国三等奖。参加第十一届"创青春"全国大学生创业大赛并担任项
目负责人，获得省级铜奖。参加"互联网+"大赛获校级银奖。这些都是在做实验
时所想不到的。只要你潜心科研，终有一日会结出美丽的果实。

　　钻研越深，了解越多，就越明白我国在激光产业中做出的巨大努力与取得
的发展，但也深深明白，目前还存在很多亟待突破的瓶颈。除了研发人才极度稀
缺，研发投入大量资金等基础问题，如何保证大功率的同时保证高可靠性，成为
当下大功率激光器发展一个重要的研究课题。国外激光装备制造业发展的历史较
长，国内企业某种程度上追随着国外的脚步，无论是生产、技术，还是销售，都
置于全球经济一体化的大盘中。长久以来，国内企业突出优势是成本，这其中有
人力成本低廉、原材料充足等种种原因，但这一优势并不具备可持续性。随着国
内经济的发展，再加之国外需求低迷，这一优势很容易被国外企业的技术优势抹
平。国内一些企业由于技术条件的限制，生产的零部件达不到我们要求的精度，
因此很多重要的部件只能从国外进口，导致对外依赖性大，成本和价格偏高。

　　这些问题时时刻刻困扰着我，鞭策着我，提醒着我，尽自己的努力，去解决
这些问题！我国的激光产业会越来越好的，我想要做其中微小的一点星光！

　　我更明白，只有无数星光汇集，才能有耀眼的星河。我希望每一个还在懵
懂中，希望将自己的报国梦付诸实际的青年人，都能找到自己前进的方向道路。

于是在学生会任职三年直至担任学生会主席的期间，我策划组织过学院的迎新志愿等各种活动。到寝室和各个年级的同学们直接交流，了解同学们需要我们做什么，了解学弟学妹们的状态，为他们答疑解惑，尽自己所能为他们做好榜样。

我的空闲时间基本都在篮球场上。竞技体育让我能迸发激情，更加集中注意力，专注于目标，同时达到锻炼身体的目的。身体是革命的本钱，良好的身体状况是一切的基础，作为理科生的我也经常去健身房锻炼身体。大学生更不应"两耳不闻窗外事"，也要走出象牙塔，深入社会，了解社会，才能更好地利用自己的所学回馈社会。读万卷书行万里路，大学期间，我计划行程，利用各种长短假期走过了呼伦贝尔、大理、丽江、香格里拉、北京、天津、成都、武汉、长沙、上海、厦门、大连等大江南北祖国的十余个地区，领略当地风土人情，了解祖国各地情况。

莫疑春归无觅处，静待花开会有时

在升入大三的暑假三下乡期间和同学交流才知道可以通过推荐免试攻读研究生。也正是由于之前所学的专业知识和实验积累，再加上学生工作所锻炼的各种无形的能力，在2018年高校暑期学术夏令营中我获得天津大学、中国科学院大学、北京航空航天大学、北京师范大学、厦门大学、中南大学、北京交通大学等多所双一流高校提供的拟录取资格。

最终我选择推免到学科排名全国前三的天津大学精密仪器与光电子工程学院，在姚建铨院士组内研究激光的非线性变换问题。我立志要通过自己的所学，为打破国外的技术封锁，甚至实现国产大功率激光器的出口贡献自己的一份力量。

夏令营过程中，让我印象很深的一件事是厦门大学陈理想副院长（研究成果提名2019光学十大进展）给我发的一封全英文邮件，在信中他表达了对我大学期间所取得的成就的认可，以及希望我能够选择厦门大学，继续研究关联成像领域。虽然我最终选择了天津大学，但对陈院长的认可感到由衷的欣喜，因为那是对我所努力过的事业，最好的赞美！在选择激光事业，立志报国这一条路上，这是我迈出的最重要的一步，也留下的最深刻的脚印！所有的成就都源于辛勤的付出，只要我们踏实努力，心存感恩，都会获得不一样的成功。每个人小小的一步，就是祖国的一大步！

还记得2018年12月份校长奖学金答辩时紧张激烈的氛围，以及获得万书记直通票时激动的心情。那天恰逢是我22岁的生日，万明书记和罗玉峰校长以及在

座的师生代表共同为我庆祝22岁生日，那是我收到的最珍贵的一份礼物，也开启了我追逐光明的一扇大门。记得万书记说，在我身上看到了交大学子专注科研，积极阳光，一心报国，为理想不断奋斗的精神。其实我知道，我只是一个小小的缩影，在交大，在全国，无数立志报国的青年，都充满着这样奋斗向上的蓬勃朝气。2019年7月，我毕业了，离开了成长四年的交大。2019年10月，恰逢我国建国70周年阅兵，回首这四年，是我和祖国共成长的四年。

最后，我想用我在学校毕业典礼上讲的话送给学弟学妹们。"我们不仅见证了学校'解放思想'大讨论活动取得的巨大成就，也即将伴着'改革再出发'的号角奔赴各地。在此，我代表2019届全体毕业生向母校郑重表态，请母校放心，我们一定牢记嘱托，做求真务实的交大人，怀民族复兴的报国志，有饮水思源的感恩心，走风雨兼程的自强路。我们已经整装待发，时刻准备着以青春的名义，为祖国奔跑，为祖国追梦，为祖国再出发！"

个人答辩，请扫二维码

踏遍千山人未老，逐梦清华正青春

周步伟

> **周步伟**，男，汉族，中共党员，江西诗词学会会员，华东交通大学电气学院自动化专业2020届毕业生。
>
> 2019年华东交通大学"闪耀花椒"校长奖学金获得者。历任华东交通大学教学信息员南区区长、八一诗社创作部部长，现为江西省诗词学会学员。连续四年专业排名第一，历获中国大学生自强之星奖学金、国家奖学金、国家励志奖学金、中国电信奖学金、校长奖学金、自强奖学金、一等奖学金、校友科技创新奖学金等。获得第十六届"挑战杯"国赛二等奖、亚太地区大学生数学建模竞赛全国二等奖、全国大学生电子设计创意创新大赛二等奖等奖项。多次在各类媒体报刊发表诗词文章，拥有原创诗集《剑阁集》。现已保送至清华大学攻读硕士学位。

曲低沉抑常态是，人生风雨一笑之

古往今来，千秋过客，能够载留史册的人物在通往成功的路上绝没有一帆风顺的先例。因此，在从学二十多年的奋斗路上，风风雨雨亦是家中小菜，必然常遇。不禁回想当初，那时的我，从乡下初中以全校唯一一个考上高中的身份考进县城高中，经过三年奋斗，从一个偏远的小县城高中以全校第二的身份考进位于江西南昌的华东交通大学，再次历经拼搏四年后，从位于二线城市的交大以全校当年唯一一个保送清华大学的身份走进一线城市深圳。一路走来，不难想象，如果没有一颗足够强大坚韧的心，难以走到现在。

人们常说"生命不息，奋斗不止"，而海明威说得更直接："一个人可以被毁灭，但不能被打败。"生命中的强者往往会主动迎接挑战，直面挫折，他们不仅能够冷静看待成功的喜悦，亦能够沉着面对失败的痛楚，并在经历之后，变得愈发强大、愈发成熟。而作为青年大学生的我们，往往很难做到上述两点。最直接的体现就是不敢挑战未知，不愿接触新事物，不愿走进新天地，而是蜗居一室，把玩手机电脑，惶惶不可终日。我也曾和很多学弟学妹们说，大学应该多给自己一些独处的时间，想一想：进入大学后，应以什么样的新面貌面对新环境？以什么样的形象接纳新事物新朋友？以此改善过去不足的地方。我们也需要常问问自己，进入大学后，有没有走进实验室去尝试科研的乐趣？有没有每次上课都抢着坐在最接近老师的第一排？有没有看完当初定下目标要看的书籍？当然，这样的发问还有很多很多，这就更加需要自己的自觉自律。

我也在开学典礼上对大一新生说："故今劝勉诸君，大学伊始，当潜心治学，树德立志；练达人情，通晓世事。多展青春之朝气，不负七尺之身躯。"很多人都会问："在大学里最应该做什么事情？"我想这个答案很简单，那就是做自己喜欢并有意义有价值的事情！毛主席曾寄语我们年轻人说："世界是我们的，也是你们的，但归根结底是你们的。你们青年人朝气蓬勃，正在兴旺时期，好像早上八九点钟的太阳，希望在你们身上。"青年人最大的特点是什么？是富有朝气，是勇于拼搏进取，是有不到长城非好汉的豪情。因此，在大学短短四年里，我们最应做的就是树立远志，不怕挫折，努力做出一番好成绩，为日后走向社会，报效国家，奠坚实的专业基础！

踏平坎坷成大道，斗罢艰险又出发

当别人问我学习和科研如何兼顾的时候，我常常喜欢打这个比方：科研重如山，学习要先行。一棵参天大树，必先有其骨干，而后有其枝杈。当骨干壮实之后，便无惧风雨，根深蒂固，由此枝叶便可借树干汲取养分，做到枝繁叶茂，有勃勃生机。那么，对于我们大学生而言，这个骨干便是知识的学习，这个枝杈便是兴趣和爱好，科研与社工等等。因此，这样就做到了战略方向有明确，战术方法有根据，便可以将前行路上的一切困难都视为"纸老虎"，吓唬人的了。

古人云：人非圣贤，孰能无过？过而能改，善莫大焉。那么学习上遇到困难该怎么破解和改变呢？每位细心的同学都会总结出一些自己的方法，我的方法很简单：一请二问三求教，不懂不会请人教。一请：要厚起脸皮，虚心向同学、向老师请教问题。二问：要拿出程门立雪的精神，不能碰壁而返，一次不行，就不敢尝试第二次。三求教：应拿出真问题，自己实在破解不了的难题，而不应为了问问题去问问题。俗话说，大道至简。的确，道理很简单，但却不是每个人都能做得来。身边的同学有太多拉不下脸皮去向别人请教，直似自己不会别人也不会，或是问了同学或老师，就好似低人一等，诸如此类想法，多不胜数。高中如此，到大学亦是如此，不禁让人唏嘘不已。

回想我的大学学习生涯，真正做到了虚心求教，程门立雪，敢于问问题，敢于解问题，因此不仅从老师身上学到了很多，也从同学身上学到了很多。四载的时光，满满的收获，大大的成长，这就是我的成功秘诀。古人常说，虚怀若谷，不耻下问，一个人的人生很长，在这漫长的人生时光里，我想，唯有学习才可让人最充实，最快成长。有句老话说得好：吃苦多来不宜少，古来天道最酬勤。华罗庚老先生也说过：勤能补拙是良训，一分辛苦一分才。学习这条道，非若天才，不以勤奋，除之以外，勤奋程度的大小，就决定了收获知识的多少。大学四年来，除了闲暇抽空出去爬山游水，与友交际之外，基本我的生活就是三点一线，即实验室——食堂——寝室，有时候是两点一线，即实验室——食堂，为了赶实验研究进度，不得已通宵在实验室，不过这也是当前一线科研工作者的常态。人们也说，三分天注定，七分靠打拼，爱拼才会赢。是啊，人生很美好，美好就在于有无限可能值得我们去期待，去见证。但是当我们不愿意去奋斗，甘愿庸庸碌碌的时候，人生还会有几分美好呢？

一片苦心佐孤胆，人生几度不拼搏？

一个人的特点，小时候便可初见端倪。在我小的时候，我便喜欢观察并思考生活中的一些小事情，对很多事物都充满了极大的好奇心。在小学六年级的时候，我观察到两块吸铁石能够隔着一层书桌相互吸引移动，我便产生奇想："为什么不能用吸铁石做成车子，用另一块吸铁石推着它走呢？"后来，老师和我解释这个怪想法实际上已经实现了，这种运载工具叫"磁悬浮列车"。

灵感来源于生活，创造来源于观察。进入大学后，我看到每至秋冬季节新闻常常会报道大雾、团雾和雨雪等低能见度天气造成重大交通事故，对人民群众的生命财产安全造成了极大威胁。便想着为什么不设计一种能够透过雾或雨雪看到道路前方路况的行车装置呢？这样不就可以降低车辆在这种恶劣天气下出行会发生侧碰、追尾、连环碰撞等事故的概率了吗？于是，我抱着这样一种想法，和电子创新基地实验室的杨云老师进行了深入交流，得到了杨老师的鼓励与赞赏，并有了尝试开发的动力。不久之后，命名为《基于LFMCW雷达的高速公路团雾中安全行车系统研究》的课题申请报告就新鲜出炉。然后我组建了自己的团队，逐步实现报告书里描绘的愿望。经过昼夜不舍的连续试验，一次又一次地完善产品。历时两年多，南昌天气的酷暑严寒、技术的难关、条件的束缚都没有阻挡住团队成功的脚步，最终凭借着该项目在第十六届"挑战杯"全国总决赛上勇夺二等奖。同时该作品也申请了国家发明专利，进行相应的知识产权保护。此外，学习科研之余我还设计了《一种智能感应的道岔自动除雪装置》《一种自选式水位监测报警装置》等6项服务于生产生活的专利，成为了大学生中的发明"小能手"。

风云际会恒其志，步月登星揽明珠

不得不承认，一个人的成就大小，不仅来源于天赋异禀，更来源于后天的拼搏努力。然而，努力是需要有方向的。习总书记告诫我们说：要扣好人生的第一颗扣子，否则后面的扣子都会扣错。这句话一方面蕴含了价值取向重要性的问题，另一方面也启示我们要树立远大志向的重要性。立什么样的志向，决定了走向什么样的人生舞台。中国共产党人的志向从始至终都坚定明确，那就是为共产主义奋斗终生，因此这个志向决定了这个党，这个党的党员要干的事业是伟大而艰难的，但志不改色，终将所成。我们也应庆幸这个时代是伟大的，其伟大之处就在于，给了我们普通人很多出彩的机会，实现人生理想的机会。作为社会普通大众中的一员，该树立什么志向，我想，每个人都应该有自己的答案。都说志之所向，应趋所善。我认为这个志向应是现实的、实在的、具体的，能够予以应之的，向善向好的。

我们青年大学生，是祖国建设承前启后的接班人，理应将自己的理想融入国家理想的大集体之中，才能更好地实现人生价值。以自己而言，我的志向很简单，很明确，未来或从政，或科研，或经商，无论从事哪一行，都将倾尽所能，为国家、为社会做出自己的贡献。人们常说时势造英雄，这就在于英雄能把握住机遇，迎势而上。未来，站在清华的平台上，对我而言有很多选项可供选择。既来之则安之，一旦定下来方向，就当做到极致。不负韶华，只争朝夕！

同学们！学长学姐们的奋斗历程都已付之纸上，其中精神，在于你们去学习贯彻，落实到自己脚下走的每一步路之中。这样，当你回首大学四年，乃至前二十年的时候，便能微微一笑，而不言自明，心满意足。在秉持这种精神迈向人生接下来的几十载征途的时候，便能够无愧于这个时代，无悔于这个人生！

个人答辩，请扫二维码

像战士一样度过大学生活

薛晨阳

薛晨阳，华东交通大学国防生学院2020届毕业生，2019年"闪耀花椒"校长奖学金提名获得者。

回顾大学四年，我觉得自己是学子，更是战士。四年里，我和我的战友们完成了地方青年到合格军官的成长。训练场上，淬火成钢，我们用最优异的战绩回报母校的培养；孔目湖畔，书声琅琅，我们用勤奋学习坚定携笔从戎、献身国防的信仰；红土地上，铸就梦想，我们要让"花椒"的赞歌在整个祖国大地唱响。总的来说，国防生生活的方方面面、点点滴滴，既让我难以忘怀，更让我受益匪浅。

男儿何不带吴钩

走得再远都不能忘记来时的路，不忘初心才能走得更远。转眼间，我即将离开交大步入我魂牵梦萦的军营。如今，由于军队改革，国防生已经停招，我很幸运，我是交大最后一届28名国防生的一员。想起当初为什么报考国防生，内心就会涌起一股莫名的热血。就像哥萨克说的："好男儿，生来就是当兵的。"作为男人，没什么职业比参军更加体现阳刚之气；作为学生，没有什么专业比军事指挥更能彰显霸气；作为青年，没有什么工作比从军更体现责任担当。

国防生，一个响亮的名字，一个朝气蓬勃的群体。国防生，把神圣的国防事业和充满理想的大学生紧密地联系在一起，把未来的战场和今天的大学校园紧密地联系在一起，把国家、民族的兴盛和个人的命运紧密地联系在一起。

所以，我的选择是中国国防生！

宝剑锋从磨砺出

曾几何时，一想到终于可以摆脱高中繁重的学习生活，来到一片自由翱翔的天地，自主规划时间，学习专业知识，期盼早日进入大学的心情就难以抑制。然而，作为一名国防生，理想与现实之间似乎还有一点距离。从我顶着3mm的寸头迈入国防生大楼的那一刻起，我的一日生活、作息时间已经被安排得明明白白了。清晨，当其他同学还在熟睡的时候，我们早操的步伐已经踏破黎明的寂静，震天的口号声迎来了第一缕阳光；当其他同学在市区逍遥快活的时候，我们却一个个在跑道上喘着粗气，汗水浸湿衣服，手上布满血泡。面对国防连严明的纪律，枯燥而又艰苦的训练，刚开始我是那样不理解，那样难以适应，我不理解为什么每天要早起，不理解每天要训练，不理解为什么每天要高标准地收拾内务，不理解为什么睡觉、吃饭都要受管制，所有的这一切就因为老班长的一句"因为你是国防生，生为国防，为国防而生"而变得天经地义和理所当然。穿上这身绿军装，我虽说还不是军人，但起码是个战士，要配得上这身军装，肩负起那保家卫国的使命。刚来到国防生这个新集体，不适应是常态，就像新兵刚入伍的适应"阵痛期"。而我应该做的是转变观念，做好调整，学会适应，尽快融入这个集体。慢慢地，我适应了国防生style（作风）。

本来身体素质就比较不错的我更是在新生中初露锋芒，特别是引体向上，别人还未实现零的突破，我就已经达到优秀，此外我自己还时不时地加练以求更高的突破。初生牛犊不怕虎，我毅然报名大比武，我是冲着名次去的，然而很不幸，我连前八都没进，我没有灰心丧气，别人可以我为什么不可以，从哪里跌倒就从哪里爬起来。"再坚持一会儿""再来一个"是我当时内心告诉自己最多的话，功夫不负有心人，三公里从13分半突破到11分以内，单杠突破至40个，军事大比武引体向上第一名有了我。可以说，交大的凌晨到夜晚，国防生训练场从有到无，无不见证着我的成长。用汗水浇灌梦想，用实干笃定前行，我坚信，从军路就是我要走的路。只有在泥泞的路上才能留下自己的足迹，只要经过艰苦的跋涉，终有一天会留下你前进的脚步。

后来，参加暑期基地化集训，不惧酷暑，变换战术动作向前爬，手肘和腿上蹭破皮也全然不顾；每年一次的30公里冬季战斗体能拉练，即使脚底板布满水泡也坚持到底；圆满完成3次带训任务，从一开始的不熟悉到后来的得心应手；第一次参加校长奖学金答辩这样的大型答辩，第一次编排荣耀花椒晚会的节目……这些能让我成长为一个让国家和人民放心的战士。人生在世，苦累、未知在所难免，须知"宝剑锋从磨砺出"，所以面对它们不要害怕畏缩，你的每一次努力，都在增加面对这个世界的底气。另外，打破你原有的圈子，不给自己设限，多尝试不一样的自己，多接触不同的人、事和环境，这些都是使你变得强大的基石和财富。

拔剑四顾心茫然

总是听学长说起过的基层部队，部队很大，部队的世界很精彩。我也想早点毕业去部队看看，真正体验部队的生活。然而就在2017年5月26日，"今年起军队不再定向招收国防生"的消息在手机屏幕上炸开，十八年的国防生制度成为历史。依稀记得我是在课间得知这个消息的，当时内心十分复杂，震惊、落寞、悲凉……后来者不再来，那种感觉说不清道不明。所有人都认为有了了结，然而事情并未结束。

2018年转改文职及分流政策出台，原本就业方向单一的国防生有了多种选择，这种自由可以说是给本就处于迷茫状态的最后国防生们又上了一道"硬菜"，大家谈论的不再是分配问题而是去留问题。我虽然当时还是低年级，但也在思考观望，国防生没准会随着改革大潮脱下军装。国防生的未来是什么？我成绩不差，也能拿个奖学金，有没有必要再那么认真？体能素质已经拔尖，有没有必要再那么拼？我会不会在别人都开始探寻未来出路的大潮中与稍纵即逝的机会失之交臂？一连串的问题接踵而至，利弊无法权衡，我陷入了迷茫……

而今迈步从头越

选培办依然在做该做的事，一个不能少，一个也不能差，努力培养与部队接轨的国防生。在选培办的领导下，早操、体能训练、点名，每周的营连班务会，体能的每周一小测、每周一大考，这些被学长学姐们坚持十余年的制度依旧被有序施行着。在面向社会分流这条道路上，有人选择离开，而我们28名交大国防生却依然选择坚守，这不正是印证了《士兵突击》里的那句"光荣在于平淡，艰巨在于漫长"。国防生的身份让我收获太多、成长太多，而我却没有为国防生这个符号做过什么，反而纠结未来，患得患失，这是不应该的。既然选择国防生，便只顾挺直脊梁，珍惜身份，干好当下，任时光匆匆，战士唯一不变的是那份永远坚贞的执着与无悔的追求。国防生虽然已成为历史的绝响，但哪怕是绝响也要让它响彻云霄！

大三下学期，因为要同学长一起参加毕业考核，我们16级28名国防生作为一个排编入学长的连队，而我被推选为16级首位排长。看着去年毕业学长的优异成绩，我深感责任重大。七个考核科目，还是在学业最紧张的大三，我真怕"花椒"国防生的辉煌战绩在我手上断掉。当然我自己首先不能畏缩，反而要做好表率。白天时间紧，我就晚上带排里的战友加班加点练，每次我都要冲在最前面，纵使寒风肆虐也一往无前。正是有了前两年的厚积和最后几个月的冲刺，才有了考核成绩全军第一，创历年最好成绩，受到陆军总部的通报表扬。一朝的绽放来自千日的磨砺。

四季翻转，岁月如歌。洪水退去，军人选择离开；使命完成，交大这抹绿色也即将淡去，华东交通大学国旗护卫队应运而生。我积极向办公室表明自己带训国旗护卫队的强烈愿望，因为我相信将来，国防生大楼、国旗护卫队就是交大国防生回到母校的"家",因为我想用这种方式让交大国防绿延续下去,因为十四亿人都是五星红旗的"护旗手",我希望他们传承国防绿,努力争做维护国旗尊严的护卫队,执行重大任务的突击队和引领校园文化的先锋队,去影响更多的中国青年,让爱国主义和国防精神深植血脉。

交大国防生,用十六年的时间,写下了浓墨重彩的注脚,铸就了交大国防精神,成为了交大一张亮丽的名片。而我们是珍藏的"限量版",但绝不是只会躺在展览馆的纪念品,我们会为最后的"花椒"国防生画上圆满的句号,站好最后一班岗。我们也会从"花椒"出发,带着浩然正气、眼界与梦想奔赴军营,立志在军营建功立业,用行动发声,去开创下一个战位的无上荣光。

一代人有一代人的使命,一代人有一代人的担当。我们作为新时代的中国青年,无论身处何地,无论怎样社会分工,都理应以青春之我、奋斗之底色建设青春之中国,不忘初心,牢记使命,敢于前行,为实现中华民族伟大复兴贡献中国青年力量!

个人答辩,请扫二维码

一条"咸鱼"翻身的故事

关凯丰

关凯丰，男，汉族，中共党员，华东交通大学电气与自动化工程学院自动化专业工业自动化方向2016届毕业生。

历任电气学院2016级自动化2班学习委员、班长、团支部书记、学院电子科技协会副会长等。获2019年度华东交通大学"闪耀花椒"校长奖学金提名奖，国家奖学金，校特等奖学金、二等奖学金以及三等奖学金。获中国机器人大赛全国一等奖2项（四足仿生类和工程竞技类）和全国二等奖1项（空中机器人）、第七届"AB杯"自动化系统应用大赛全国二等奖等累计近50余项各类奖项及荣誉。在班级多次组织志愿活动、在学院多次开展科技讲座并承办三项校级学科竞赛，积极创建科创氛围，为广大学子提供平台。

现已保送至东北大学流程工业综合自动化国家重点实验室攻读硕士研究生学位。

"咸鱼"翻身也迷茫

当大家奋战在高考一线战场时，老师们常常鼓励我们说："大家要好好学习，到了大学就轻松了。"诚然，即使是一张画在未来的大饼，也没有让我在高考时奋力一搏实现自己的梦想，当查到自己的分数时，我知道自己已无缘心仪高校，伤心的我决心出省读大学，只想逃离，然后从头开始。然而命运又是这般奇妙，我没想到在接下来的四年，我和交大的缘分在离家1149公里的双港东大街808号开始。

因为羡慕别人的多才多艺又学习优秀，入学后我就给自己列了冗长的计划、成堆的目标，力争使自己成为一个完美的人，实际上也争取努力完成，因此我在各方面竭力表现和锻炼自己：加入学生会，竞选班干部，加入社团，为了融入同学也"积极"打游戏。在刚开始的这段大学时光里，我既投身于学生工作，又在社团中寻找兴趣，也厮杀于游戏中，玩得不亦乐乎。因精力过于分散，加之时间安排不合理，我并没有完成自己最初立下的目标——样样出色，成为一个完美的人。反而成绩也开始大幅度下滑，学业敲响了警钟。

我该怎么做才能更好地度过大学生活？大学的意义又是什么？正当迷茫之际，我向电气学院的优秀学长——同时也是我所参加的电子科技协会的会长——周佳新学长请教，说出了我的困惑所在。他引用了《大学》的一句话："大学之道，在明明德，在亲民，在止于至善。"多么熟悉的一句话！我们交大的校训不就是"日新其德，止于至善"吗？茫然寻觅，怎知答案就在身旁！此前读到校训时，我都是匆匆一瞥，内心波澜不惊。而今我开始重新审视和思考这句刻在了交大灵魂深处的话："日新其德"的"德"包含了内在的精神追求和外在的实践与结果，"日新"有永不停息之意，"日新其德"正是要我们树立自强不息的生命追求、上下求索的科学追求啊；"至善"就是最高、最好的人格理想和社会理想，"止于至善"是希望我们坚定理想不动摇，为理想信念执着奋斗！

我似乎有了答案：大学生活仅有四年，时光宝贵，不应该在玩耍中度过，我不希望在大学结束后回看走过的路时我是一事无成的。不断完善自我，专注做好一件事，投身科研或技术开发研究，或许我可以选择一条路，坚定走下去。我应该努力学好专业知识，提升本领，去做一些有意义的事情。我卸载了电脑上的游戏，稍微准备了一下就找到杨云老师，希望进入电子创新基地学习，没想到顺利通过了，我很惊喜也很感激，因为在那里，我将找到一件自己从未有过的坚持的事情，遇到一群志同道合的伙伴，度过我大学剩下的全部时光。

当你感到迷茫，不知道自己的路在哪里时，不妨在多次的尝试中寻找到自己的兴趣点或志向所在，同时也要向身边的榜样请教学习。或许，他们走过的人生、刻骨铭心的经历能给你一些参考，在某一瞬间甚至能让你茅塞顿开。在明确自己的目标后，坚定不移走下去，你一定会发现不一样的风景。

日夜"开黑"，努力"上王者"

电子创新基地是一个奇妙的地方，这里汇聚了各个年级的学生，提供一个让他们发挥奇思妙想和实现兴趣的舞台。他们在这里专注于电子设计、程序设计、机器人制作等许多有趣的东西。我在这里的第一件作品就是打造3D打印机。可是在基地里没有人做过这个东西，更没有指导和参考资料，我一筹莫展，不知如何下手，只能摸着石头过河：不会编程，就去图书馆借书，自学程序设计并敲下一行行代码来验证；不会电路设计，就请教学长指点；没有材料，就顶着太阳跑遍南昌市内的建材市场；没有资料，就到网上摸索查阅文献，向他人讨教；缺乏加工设备就用台钻慢慢地钻孔，用锯子锉刀打磨……这段时间我每天都在宿管阿姨的训导下最后一个回到宿舍，早晨也在室友的鼾声中爬起第一个来到实验室。如此充实地度过一个多月后，我设计的3D打印机终于成功。当看到3D打印机轻松地通过电脑导入我所设计的三维模型并制造出一件件实物时，我第一次如此真切感受到了技术带给我的震撼，也明白了自己所学的自动化专业的魅力所在。

第一件作品的成功，也让我寻找到了一群志同道合的小伙伴，我们在学习技术和科技探寻的道路上互相扶持，一起成长。智能车大赛、"AB杯"自动化大赛、中国机器人大赛，我们一直并肩战斗；直立小车、无人机、机器狗、仿人机器人，我们相继做出越来越多复杂的作品；从校赛、省赛到国赛，我们也不断刷新所取得的最好成绩！

在我们的参赛经历中有很多故事，但我印象最深的是在2019年8月29日晚：我们在离学校1000多公里的青岛进行中国机器人大赛的赛前调试，由于场地环境变化大，机器人在运行时也达不到在实验室的调试效果，正式比赛就在第二天，然而3个人需要解决2台机器人共10多个工程问题，毫无疑问工作量是巨大的。但是我们很快沉着冷静下来，认真分析所需解决的问题并按重要性排序，同时发挥每个人的专长分工协作，对存在的问题逐个击破。在通宵改进和调试后，机器人恢复正常状态并在第二天的竞赛中表现出色，获得全国一等奖2项，也刷新了我校在这个竞赛上的最好成绩。

有人问我，取得这么多的成绩靠的是什么。我说，靠的是坚持不懈的热爱和追求，靠的是精进不倦的努力和良好的团队协作，靠的是下苦功的拼搏奋斗。虽然道路上有无尽的困难，布满种种诱惑，但沉下心来钻研思考，认定一件事并持之以恒，定能练就一身本领，并做出自己的成绩。

庄子有言："适莽苍者，三餐而反，腹犹果然；适百里者，宿春粮，适千里者，三月聚粮。"由此，在探索求知的道路上若欲"适千里"，必得下一番苦功夫，谁也偷不得懒、取不得巧。"鲲鹏善御风而翔，智者当借力而行。"找到志同道合的小伙伴，互相成为彼此的"风"和"力"，御风而翔，借力而行，才能飞得更高，走得更远。

"咸鱼"也可以拥有梦想

我时常在思考，虽然课本上所学习的自动化和控制相关的知识在很多领域已然得到应用，但是在应用这些知识和技能的同时，我发现其所表现的"智能"并不是真正意义上的"智能"。例如，我的3D打印机只能制作我设计好的东西，我的智能车只能自动行驶在设计好的道路上，我的机器狗也只能在发送指令时才能执行相关动作……在工业中也一样，所有的机器只能按照预先设计好的动作机械地执行，也就是说，我们在程序中定义了X和Y，如果满足条件X，则执行功能Y，它们距离真正的自动和智能仍有很大差距。从3D打印到各类机器人的实践，我逐渐感受到传统方法的一些弊端和局限性。

2016年，也就是我刚刚跨入华东交通大学校门那一年，可用的大量数据和强大的计算能力的出现，使得以深度学习为主要标志的人工智能正迎来第三次伟大复兴，人工智能在很多垂直领域获得了真正的应用，并表现出超越人类的能力。在大学四年中，我通过新闻不断看到许多令人振奋的消息：AlphaGo（阿尔法围棋）大胜世界冠军李世石，自动唇读系统远超人类专家，无人驾驶汽车研究取得突破性进展工业大数据得到更多关注和运用……不难发现，人类不断获得突破的背后是机器学习、云计算、大数据的繁荣。

虽然目前研究热点和科技巨头都集中在消费级人工智能，但实际上，工业和制造业领域也有人工智能大展拳脚的天地，而且面临着许多独特的挑战。我希望未来能深入这个领域，在人工智能+工业领域展开研究，用数据驱动来深入挖掘人工智能在工业生产中的巨大潜力和不可估量的价值，在我国人工智能+工业做出自己的成绩，助力我国工业朝着工业4.0时代奋进。这也是我坚定选择东北大学流程工业综合自动化国家重点实验室的原因。

一代人有一代人的使命，一代人有一代人的担当。在这个智能化的时代，每个人都与"智能"这个主题休戚相关，我也要在这个时代的洪流中奋发图强，树立远大理想，将个人命运与国家发展相联系，为科学技术研究添砖加瓦，做出自己的贡献。

从当初的迷茫，到现在所取得的微小成绩，以及确立了未来的奋斗目标，而今我对"日新其德，止于至善"这句校训有了更深刻的理解。"日新其德"是途径，让人知进，"止于至善"是目标，让人知止。然而何时才能"至善"？唯有不停"日新"了。古人有云："岁月不居，天道酬勤。"人生短暂，理想不易，唯有用勤劳的汗水浇灌，才能盛开成就之花。我想继续把"日新其德，止于至善"的校训精神坚持下去，永不停息地追求科学真理，把握好短暂的时光，坚持理想并执着奋斗，在工业智能时代做出花椒人的"交"傲。

个人答辩，请扫二维码

土承天下，木撑苍穹做顶天立地的土木人

占永杰

占永杰，男，汉族，中共党员，华东交通大学土木建筑学院土木工程（城市轨道工程）专业2020届毕业生。

2019年华东交通大学"闪耀花椒"校长奖学金提名奖获得者。曾任土木建筑学院2016级土木工程5班班长、学院新生带班党员、学院学生第三党支部支部副书记、学院12栋楼栋党支部组织委员、华东交通大学青年教师联谊会学生助理等，曾被授予"优秀学生干部""三好学生""优秀共青团员""优秀带班党员""优秀党务工作者""优秀共产党员""江西省优秀大学毕业生"等荣誉称号。学习认真刻苦，成绩位列专业第一，曾获国家奖学金，国家励志奖学金，校特等奖学金，一等奖学金，江西国际奖学金等。热衷学科竞赛，曾获第十五届"中国中铁杯"华东地区高校结构设计邀请赛一等奖、江西省第四届"建行杯"互联网+大学生创新创业大赛铜奖、江西省大中专学生暑期文化科技卫生三下乡社会实践优秀调研成果等。现已保送至中南大学攻读硕士研究生学位。

不勤于始，将悔于终

美国哲学家爱默生说："一心向着自己目标前进的人，全世界都给他让

路。"有了一个目标并且付诸行动,虽然过程可能比较辛苦,可是当你阶段性地回顾自己所作所为,将会是踏实且自豪的。初入大学感觉一切都是那么新奇,有各式各样的社团,有分工不同的学生会,有精彩绝伦的各种校园活动。我相信大家刚刚开始都热衷于参加这些活动,虽然把自己每天的行程都安排得满满的,但是有时候又会觉得自己好像什么都没有做。首先我想告诉大家参加这些活动是有必要的,因为你会在不知不觉中得到成长,但是值得注意的是不要盲目地去充实自己的大学生活,而是要给自己一个定位,你想要成为一个怎么样的人,然后给自己定一个又一个的小目标。我刚刚来到大学也是充满了好奇心,什么东西都想尝试一下,但是我一开始就没有给自己一个定位,而只是盲目地去参加各个活动,虽然我确实得到了成长,但是总觉得缺点什么,后来我知道了我缺少了给自己定目标。

在我看来作为一名大学生首先要做到的是勤奋学习,如果没有才学如何去释放自己的一腔热血的报国志,底线就是不挂科,但是我认为只要认真学习了的同学给自己的目标不能低于85分。我发现了一个有趣的现象,这也是我的亲身经历,同时也结合了我身边的同学发生的现象:当你给自己定的目标是60分,那万一一个失误就会不及格,定这种目标的人往往是挂科大户;当你给自己定的目标是80分时,即使考试失误了往往也能及格,在班级上也就处于不上不下的地步,运气好就可以拿到奖学金,运气不好就拿不到奖学金,这种同学在身边占大多数;当你给自己定的目标是100分时,那么他往往可以考到90分以上,我们都要给自己定下这样的目标。我一开始也好奇为什么会出现这样的情况,后来我知道了当给自己定下不同目标的时候付出的努力也是不同的,有的人觉得自己只要及格就好,那么他对于难的知识点就无所谓,他会觉得即使没有这几分自己也可以及格,只有给自己定下100分的目标才会尽自己最大的努力去充实自己的大脑。

同学们,如果不想大四毕业时回顾自己的大学生活留下遗憾,那么就要从大一开始做起,结合自己的个性和专业,给自己一个定位,自己究竟想成为一个怎样的人,并为之而努力。

无问西东，知难而进

有人会觉得土木男就应该窝在电脑前对各种结构进行力学分析，可是我觉得在具有扎实的专业功底后也要经常与他人沟通交流，毕竟我们终究是要步入社会的，学好土木工程的专业知识可远远不够，沟通交流协作的能力也必不可少。我就要打破大家对土木男生的看法，我们不仅可以是专业领域的翘楚，也可以是社会工作的新星。所以我参加了诸多学生工作。大一刚刚入学我就担任了班长，也得到了老师和同学们的认可，曾被授予"优秀学生干部"的称号。我还是班级的安全委员和消防员，为班级综治维稳贡献自己的力量。大三期间竞选了带班党员，用自己的言行引导他们成长，被授予"优秀带班党员"的称号。同时我还是土建学院学生第三党支部支部副书记，负责建筑工程和城市轨道工程两个专业的党建工作，也令我学习到很多关于党建的知识，被授予"优秀党务工作者"的称号。我还担任了青年教师联谊会的学生助理，在举办各种活动中也锻炼了我的组织协调能力，这些学生工作令我收获颇丰。

做过学生工作的人都知道做这些工作会占用自己的大量时间，万一有出差错的地方还要受到老师和同学们的责备，但是我想告诉大家既然担任了班长或者是学生会的干部，这是同学们对你的信任，你要做对得起他们信任的事情。同时做学生工作也是一种奉献，因为我们做的事情都是为了服务其他同学，虽然同学们平时没有表现出来，但是我相信同学们都看在眼里，你的辛勤付出大家在心里都会感激，同时你也会收获许多知识和技能，付出与回报总是成正比的。就比如现在新型冠状病毒疫情严重，我受命每天统计各个班级同学的健康情况，并且每天一早就要汇报给老师，虽然和同学们不在一起，但是看着同学们天天报给我的情况，我们的心是连在一起的，相信我们终将打赢这场没有硝烟的战役。这个奉献精神是我们这个时代需要的，一个又一个时代楷模在荧屏中让我们熟知，我们敬佩他们的付出，我们也要向他们学习。

学生工作说白了就是一种服务精神，一种奉献精神，而土木人的初心就是投入到国家的基础设施建设中，这也是一种奉献精神。回想当年詹天佑先生修建京张铁路时，顶着国内外巨大的压力，但是他的爱国精神和奉献精神支撑着他，京张铁路得以建成，减少了欧美国家工程师的嘲笑。京沪高铁的十三万建设者，用三年多的时间建成一条高标准的高速铁路，在外国人看来是不可能的事情，是何等的信念在支撑着十三万建设者？我想他们是靠着特别能付出的奉献精神。当今我们遇到了一个又一个难题，例如川藏铁路、渤海湾跨海隧道、台湾海峡跨海隧道等，在这些地方工作都很辛苦，但是只要我们守得初心，做一个顶天立地的土木人，我们国家的基础设施将建设得更加完善。

勤学苦练，永争上游

　　理论学习占据了我们大部分的时间，但是作为一名土木人仅有理论学习是不够的，更重要的是将它们运用起来。在大学期间我积极参加各类学科竞赛和社会实践活动，多次与老师前往工程现场考察学习。我从大一下学期开始接触结构设计竞赛，之后就产生了浓厚的兴趣。大二参加了严云老师的"1+4"创新创业团队（已验收），团队致力于以"桥梁结构顶推法施工模型设计与制作"为题的2018年第十五届华东地区高校结构设计邀请赛的赛题研究工作和竞赛准备。这个项目是用竹条制作的模型模拟桥梁顶推法施工，模型主要由桥梁主体和导梁两部分组成。考虑到结构的受力特性，该模型主要受竖直均布荷载，在顶推的过程中从悬臂状态变为简支状态，桥梁主体顶推到第二跨时变成多跨梁。整个施工过程中模型不发生失稳或者破坏的现象则视为加载成功。在我们的制作过程中，不仅主体部分经过了多次思虑改良，顶推导梁也是逐步改进。从最初的工字型立体等截面桁架到后来的细柱形等截面三角立体桁架，最后再转变为现在的细柱形变截面三角形立体桁架，顶端采用刀字型，增大导梁的容错率。经过不断地尝试，质量也从十克左右减轻至七点几克，并且外形更加精细美观。正是这种精益求精的态度让我们不断完善、不断改进，做到自己的最好。在准备过程中深感土木工程专业中有太多奥秘值得去求索，这也是我想进一步深造的原因。后来我作为负责人代表华东交通大学参加第十五届华东地区高校结构设计邀请赛并获得了一等奖。我还参与了一项国家级大学生创新训练项目，项目名称为"承受多荷载工况下的大跨空间结构创新设计与实验"，并已结题。后来我又参加了罗伟老师的"1+4"创新创业团队，我作为负责人主持了一项国家级大学生创新创业训练计划项目，项目名称为"基于智慧物联的边坡变形远程实时监测预警系统"，并已结题。团队获得了江西省第四届和第五届"建行杯"互联网+大赛铜奖、"创青春"2018年"南昌小蓝"杯江西省青年互联网创业大赛亚军等奖项。大二暑假团队前往南昌轨道交通集团进行社会调研，并撰写"南昌城市交通发展现状及对策研究"调研报告，获得了江西省暑期文化科技卫生"三下乡"优秀调研成果。

在交大你有太多机会可以展示自己的才华和能力，只要你敢于抓住这些机会，我相信交大总是有舞台让你展示自己的。很多同学苦于自己的时间不够，觉得自己每天已经很忙了，没有多余的时间参加其他的活动。但是我想说时间就像海绵里的水，挤挤总会有的，而且人都是逼出来的，不逼自己一把永远不知道自己的潜能。在参加竞赛的时候也沮丧过，我相信大家都对自己质疑过：我真的能行吗？我想告诉大家：你们一定行！人生能有几回搏，此时不搏更待何时。很多人都在感叹别人的一鸣惊人，我们这个时代不缺少天才，我们的祖国大好河山幅员辽阔，每年都会涌现出很多天才，虽然我们或许没有他们聪慧，但是我们可以通过自己的后天努力去改变自己的处境。从现在开始行动起来吧！

立足当下，励志笃行

现在我是一名大四的学生，我知道未来迎接我的将是数不胜数的挑战，但是花椒人不惧怕挑战！回顾我的大学生活，有喜悦有充实也有遗憾，在将来的日子里我要继续秉承着一颗土木人的初心，将自己的所学投入到国家基础设施建设中。土木人自然有艰辛的一面，直到今天，青藏铁路公司驻守青藏线的运营员工距离家庭所在地500公里以上的大有人在。坚守就是奉献。作为华东交通大学的一名学子，向所有青藏铁路的参建人员致敬，也向至今值守在青藏线的运营员工致敬。怀揣着这份民族复兴的报国志，我们将在祖国各地的基建岗位发光发热，毫无怨言。土木人深深明白一个道理，那就是一座建筑最重要的是它的基础，基础打得深不深牢不牢固对一座建筑有着至关重要的影响，刚刚迈入大学校园的你们正是打好基础的关键时期，"立足当下，励志笃行"这八个字是我送给你们的一句话，同时这也是我的行事准则，立德立言，无问西东，不忘初心，从始至终。

个人答辩，请扫二维码

你当像鸟飞往你的山

李 昭

我是来自机电与车辆工程学院2016级测控技术李昭，很荣幸获得2019年度华东交通大学校长奖学金提名奖。

我想先和大家分享一个故事：2019年10月，肯尼亚人基普乔格在两小时之内跑完马拉松全程，突破了人类历史的最高极限。这个不可能目标的实现基于极为细致的拆解：第一拆解每公里的速度，第二拆解可能存在的阻力，第三拆解身体多余的负担。马拉松成绩的突破是人类对自我的又一次挑战，把一个大目标拆解成具体可执行的小目标，不可能也会成为可能。为了达到我心中大学的百种可能，我一路不断尝试，摸索前行。

"敏而好学，不耻下问。"——学习上，我始终如一。

2018年，我校成为江西省唯一一所测控技术与仪器专业通过教育部工程教育认证的高校，作为该专业的一分子，我深感荣幸。

一根粉笔，三尺讲台，循循善诱，鱼渔双授，我累受众师长教育之恩，三年来始终保持专业第一的优异成绩：截至目前学分绩点达4.23，为全院第一。连续两年获得校级特等奖学金，并于2019年获得国家奖学金。英语方面，一次性通过英语四六级，并获得全国大学生英语竞赛C类三等奖。漫漫求学之路，吾上下而求索，幸遇良师益友，承蒙协助，谨致谢忱。

"敏于观察，勤于思考，善于综合，勇于创新。"——科创上，我求索不弃。

大学三年期间，我先后斩获国家级3项，省部级2项，校级3项比赛荣誉，以第二作者发表软件著作权5篇，参与发表实用新型专利1篇、论文1篇。大二学年，我作为第一负责人参加全国三维数字化创新设计大赛，我们的作品——接触网布线车填补了我国在接触网布线领域设计理念的空白。大三学年，我参加中国教育机器人大赛获得智能搬运项目国家级二等奖。课余时间，参与导师2项省部级课题——基于振动信号的电机状态智能在线监测研究和列车转向架螺栓松动检测。在实验室刻苦钻研，动手研发电动自行车智能避障预警系统和简易超市收银机，耐心细致，精益求精。

"青年之社会，犹新鲜活泼细胞之在身。"——社会工作上，我砥砺前行。

大一至大四，在班团党方面先后担任4项职务：大一至今，我担任班级团支书，大二学年担任17测控2班代理班干部和院学生会科创部副部长，大三学年担任院党员教育管理中心组织部部长。在社会工作的沿途中，我收获更多的是一份爱与责任。大一学年我作为班级团支书组织，带领班级同学参加"走进江西省残疾人综合服务中心"志愿服务活动。对于我们大多数人而言，那是我们人生中第一次与残障人士进行面对面的沟通和交流，在为残障人士服务过程中，他们脸上洋溢的笑容仿佛一道光，让我真正感受到社会弱势群体需要全社会给予关爱和帮助。传播爱心，传递文明，是我们青年一代肩负的使命和荣光。

"时光不负有心人，星光不负赶路人"，凭借着出色的专业成绩和综合能力，2019年9月，我以全院综合第一的成绩推免至天津大学攻读硕士学位，其间，还收到了来自华中科技大学和北京交通大学的offer。

著名的"PDCA循环"分为四个阶段：计划（Plan）、执行（Do）、检查（Check）、行动（Act），这四个过程并非运行一次就结束，而是周而复始地进行。一个循环完结，解决一些问题，未解决的问题进入下一个循环，如此阶梯式上升，直至任务完结，这让我想到我的专业课"控制"中的一个概念——闭环。在"控制"中，闭环意为通过不断反馈使输出值接近预期值。这里的反馈，就是"PDCA循环"中的检查（Check），即建立检查点，对上一个阶段好坏进行总结，把控改进方向，直至达到理想状态。过去的三年里，我也一直以此为学习、工作和生活的信条，学习上不断挑战自我以求日有所长，科创上通过无数次的调试以求逼近问题的最优解，社会工作上不断实践以求"事事有着落，件件有回音"。

凡事总归有付出，才会有收获。我似乎已经记不清每周要在图书馆待多长时间，自习室从西三楼换到东四楼又换到西四楼换了几次，期末考试复习周图书馆自习室闭馆后又去理学院通宵自习室待到11点半，这样的日子持续了多久。临近比赛期间，上完一整天八个小时的课后去实验室调试程序和硬件，同时还要完成一整天课程的梳理和作业，实验室关门后晚上回到寝室继续打磨作品，和同伴一起熬夜做比赛的经历疲惫却充实而珍贵。临近期末作为班级团支书开会、打印材料、修改材料；作为党教中心的一分子，每次转预转正开会组织大家写材料、查材料忙得焦头烂额的时光如今也一去不复返了。

然而，一次次学习中难解的困惑，一次次实验调试的失败，一次次社会工作经历后的疲惫反馈给我的是，"一个人经过不同程度的锻炼，就能获得不同程度的修养，不同程度的效益"，所谓的看似完美，都是由一次次不完美雕刻而成，就像仪器的一次次校准，永远不会恰到好处。一味地追求完美会束缚行动力，唯有既有接收途中不完美的勇气，又有不断完成一个个小小闭环的执行力，才能给自己的未来按下启动的按钮。

2020年9月，我即将告别母校，奔赴硕士的科研之路。前路漫漫，肩负父母和恩师的期望和鼓励，我必坚定信心，一往无前。未来，我的研究方向是多相流检测和生物医学成像，我希望通过自己的潜心研究和矢志不渝的坚持，能够在这一领域得到属于自己的一次小小突破，为国家做出自己的一份小小奉献。

作为一名理工科的学生，我深知科研工作的艰难不易。科研的探索是自发的、主动的、自底层的，由内向外的上下求索过程，这种求索不为名所惑、不为利所动，而完全是一种对真理的追求与热爱。从事科学研究不是在象牙塔里找到一个心灵慰藉的避风港，而是不断寻求一个思想、创造力和想象力不断碰撞、激发的战场。回想老一辈科研工作者，为国为民，承担着一个国家、一个民族工业兴国、科技强国的梦想，与艰苦的条件做斗争，不惜付出自己的一生，别无所求。正是他们的执着奉献和一代代、一辈辈科研攻坚克难精神的传承，才使得祖国日益繁荣昌盛，人民日益幸福美满。

科研工作的难处在于在不断地自我否定与自我肯定间徘徊前进，十年如一日地常坐冷板凳，也许能换来时间长河里的一次突破和成功，也有无数的科研工作者为未知的探索付出了一生，只为后人做了铺垫。

当我于凌晨两点半按下天津大学发来的录取信息确认键时，心中百感交集。一方面，过去三年的努力和付出都没有白费，终于拿到了理想院校的研究生offer；另一方面，此刻起，我已半只脚踏入了科学研究的大门，这也意味着我应该更加努力去学习、积累和培养自己的科研素养和能力。老师和师兄师姐的经验以及我自己本科期间对科研的接触和浅薄理解告诉我，科研等待我的是思想的痴迷和煎熬，是底层的深入钻研、理解和思考以及脑力、体力、持久力和自控力的比拼，更为重要的，是"愿以此身长报国"的态度和觉悟。

当一切尘埃落定，我躺在床上彻夜未眠，思绪飘到高考成绩出来的那天。十八年来经历了无数次大大小小的考试，偏偏大多数人都认为最重要的高考，是我考得最砸的一次，那是我最黑暗，最痛苦的日子，一度陷进迷茫无措中难以自拔。我并不觉得我的三年高中时光度过得有悔，因为我始终紧紧把握着每一分时间，但结局如此敷衍，这就是事实。痛定思痛，我能做的就是接受现实，改变未来。我无悔，所以不复读，我要珍惜时间，去体验前方道路的精彩，而不是在原地纠结。踏入交大校门的我，一直向前看，往前走。从小到大都是优等生的我，在被命运狠狠打了一巴掌后，却学会了在逆境中成长，迎难而上，绝不回头。凭借着这股力量，在交大的时光，我似乎一路凯歌。

在交大，我有幸结识了许许多多给予我指导和帮助的老师，带着对学科的热爱，在各自的专业领域传授知识。无论是公共课还是专业课，课上总是以满满一黑板的板书或密密麻麻的PPT授课，课下也积极帮忙解决同学的疑问。有时我还会跑到老师办公室问问题，也总是得到老师们耐心的解答，而他们对专业学科的热忱，也激励着我化兴趣为动力，快乐学习。对此，我心怀感激。温暖的午后，孔目湖水光潋滟，绿影婆娑，几只小野鸭成群结伴，不时地将脑袋栽到水里，微风习习，夹带着青草的清香，耳畔传来阵阵鸟叫，清脆悦耳，是我心中永远的芳草地。

人生很长，总会遇到幸运和不幸，美好和不公。愿你始终努力，始终温暖，想要的都拥有，得不到的都释怀。

你当像鸟飞往你的山。

个人答辩，请扫二维码

饮水思源的感恩心

天佑传人——校长奖学金获得者的成长密码

花椒情——感恩遇见，憧憬再见

李　行

李行，女，汉族，共青团员，华东交通大学人文社会科学学院汉语言文学专业2018届毕业生。

2017年华东交通大学"闪耀花椒"校长奖学金提名奖获得者。曾任人文社会科学学院2014级汉语言文学专业2班宣传委员、华东交通大学人文社会科学学院人文学院青年志愿者协会副会长等。学习成绩优异，获校长奖学金提名奖、国家励志奖学金、校特等奖学金及一等奖学金。大学四年期间获三好学生、十佳优秀学术之星、校优秀志愿者、十佳优秀服务之星、优秀后勤工作者、最佳辩手等称号，获调研中国课题选拔大赛优秀奖、"我的偶像"演讲比赛二等奖。现已保送至暨南大学继续攻读硕士研究生。

坚定学生职责，好好学习

已经大学毕业的我回首大学四年，觉得自己做得最正确的一件事就是没有忘记自己身为一名学生的职责——好好学习。好好学习这句话大家都知道，但是在缤纷多彩的大学生活中却不是每个人都记得并为之付出行动。交大每年都有人因不好好复习而挂科，但是身为一名学生不管毕业后是直接工作还是读研，成绩是你大学四年交的第一张成绩单，也是别人对你的第一印象。

大学最后一年对我来说是收获的一年，但是是因为有前面三年辛苦的付出才有这最后的收获，这是我自己一步一个脚印走出来的。刚开学的时候在班上我并不是最出色的，而且因为性格内向而有些自卑，甚至在刚开学的时候我还在迷茫自己的目标到底是什么，但是因为高中的习惯我还是很看重自己的成绩。别人在玩的时候，我在图书馆看书，甚至每次放假没回家我也会去图书馆看书。当大一第一个学期成绩出来的时候，我自己也是不敢相信我的排名竟然是班上第一。因为这是我在高中从来也没有过的事，但这也正好激励了我，并让我意识到自己的努力是有回报的。大学四年即便再忙我也还是会坚持复习专业课知识，并广泛阅读中外名著，一开始看这些书并没有给我带来直接的影响，但是却为我后来的论文写作奠定了基础，并且直接促进了我的研究生推免面试的成功。当面试老师就文学名著和文学大家向我提问的时候，我很开心因为老师提问的书籍正好是我在图书馆看过的，而这样的问题仅凭课上学习是无法回答的。所以作为一名文科生除了要学好专业课知识外，还要广泛涉猎其他方面，多阅读而且不要仅仅看文学方面的书，要各方面的书都看一些。这一点对于现在的我更为适用，我现在的专业是语言学与应用语言学，经过一年半的学习，我就发现现在的语言学研究并不是只靠本专业的知识，更多的是跨学科研究，将语言学与心理学、计算机学、生物学等联系起来。这是我在大学存在的不足，也希望告诫交大的学弟学妹们格局要大，事情要看得长远。

学会感恩，在志愿活动中奉献自己的一份力

大学我选择进入的第一个学生会部门是人文学院学生会的志协部，当时加入的原因很简单就是被志协的招募介绍所吸引，但是有一件事改变了我的想法，让我学会感恩，让我希望通过参加志愿者活动为学校为社会奉献自己的一份力。

那次我是参加由人文学院李东风老师组织的重阳节慰问活动，活动在南昌市状元桥举行。这次活动让人印象最深的是一个志愿者男孩和社区老奶奶亲切交

谈的一幕，一老一少灿烂的笑容被大家所记住。但是后来通过和这位志愿者交谈我才知道男孩听不懂奶奶说的南昌方言，老人家听不懂男孩说的普通话。我记得当时我就问了这位志愿者语言不通他们是如何交谈这么久的，是真的完全听不懂对方讲什么吗？当时他是这么回答我的，他说这位老奶奶其实是空巢老人，她并不需要听懂志愿者们的话，她需要的只是陪伴，只是希望有人能够和她聊聊天。"树欲静而风不止，子欲养而亲不待"是每个人最大的遗憾，听到志愿者说的这些话，我被震撼了。我从来没想到这样一次小小的陪伴对于这些空巢老人这么有意义，我也是第一次真切感受到通过志愿活动我可以奉献自己的一份力帮助到其他人。也正是受这次活动的影响，在大二担任人文青年志愿者协会副会长的这一年，我对自己的唯一要求就是必须要干实事，能够真正帮助到别人。所以在这一年我积极组织并参加各种志愿活动。我组织并参加过的活动有：支教活动、植树节活动、感恩节活动、重阳节慰问老人活动、对社区贫困户进行救助活动、地铁志愿者活动、和社会组织合作进行问卷调查等活动，作为一名志愿者我希望通过自己微小的力量去帮助其他需要帮助的人，作为志愿者组织的负责人我希望加强学校与社会组织的联系，多组织志愿类型活动，并为学校开辟新的志愿者活动地点，加大社会宣传力度让越来越多的人投身于志愿者行业，成为一名光荣的志愿者。

参加这些志愿者活动不仅让我有幸荣获校优秀志愿者称号、十佳优秀服务之星称号，而且更重要的是带给我精神上的收获，让我自我认同感也越来越强烈，人也更加自信。

在课余活动中找到自我，展示自我风采

刚步入大学我由衷地感到开心，终于远离了枯燥乏味的高中，来到了昔日老师们口中多姿多彩的大学。但过去没几天，新鲜感慢慢褪去，我只感觉到迷茫，对自己专业感到迷茫，对以后大学四年的生活感到迷茫。为了找到自己努力的方

向，充实自己的生活，我报名参加了很多社团和组织，其中对我影响最大的就是人文学院的辩论队和演讲兴趣小组。正是通过参加这两个组织，我找到了自我，并展示了自我的风采。

参加人文辩论队一开始虽然是巧合但却给我带来很大的改变，从未想过可以参加辩论赛的我只是因为班上辩论队报名人数不够，而临时报名参加。后来接受辩论队学长的带队参加辩论赛，一开始我觉得很厌烦，每天晚上因为辩论赛讨论到晚上十一二点甚至有时候晚上还要熬夜查资料，但是后来却慢慢喜欢上辩论队，喜欢辩论队的氛围，喜欢辩论队的所有人员。食堂三楼每天都被辩论队包场，而交大麦得豪店则被交大辩论队包场。我至今仍然清楚记得第一次参加辩论赛的场景，虽然赛前已经做好了充足的准备，但是临上场前却紧张得小腿发抖，甚至上场的时候还在紧张，下场后我也是蒙的，不知道自己在场上到底讲了什么。但是听到我们队胜利，甚至被评为"最佳辩手"时，我高兴得抱着队友大喊。后来有幸加入人文辩论队，每个星期我们都有辩题训练，但是人文辩论队是一支很有爱的队伍，在辩论队期间我不仅认识了更多的人，更重要的是自己的逻辑思维受到了训练。这次新的尝试也让我对自己有了进一步的认识。

我从小在乡下上课讲的都是方言，所以我的普通话并不标准，也正是因为这个原因，我变得有些自卑，平时也不是很敢开口说话，就怕被别人笑话。但是我却不甘心止步于此，所以我报名参加了人文学院的演讲兴趣小组，希望能够练习自己的普通话并锻炼自己在公开场合讲话甚至登台讲话的能力。每次演讲兴趣小组上课我都认真听讲，甚至会课后单独练习自己的普通话。最后小组练习的演讲比赛中我通过自己的努力获得二等奖，但是我知道这是授课师姐给我的鼓励，实际上我的普通话提升的空间还很大，革命尚未成功，同志仍需努力。

进入大学前我是一个并不优秀甚至有些自卑的普通的学生，但是在交大的这四年，我学到了很多，尝试了很多以前从未想过的事，也正是这些尝试让我找到自我，并在不同的舞台展示自己的风采。人生总是在不断地尝试，只有不断尝试我们才能够真正认识、认清自我。在交大像我这样的学生有很多，所以当看到

《"天佑"传人——校长奖学金获得者的成长密码》征稿启事的时候我犹豫过，因为觉得自己并没有很特别的突出的值得大家学习的地方，但是我感恩花椒四年的陪伴，让我不断进步。所以我还是打算投稿，讲讲自己的大学四年，希望能对学妹学弟有用。最后我最想对交大学妹学弟们说的一句话就是，"当你努力让自己变得更好，很多事情都容易了"。

个人答辩，请扫二维码

大学中的四则运算

郝铮铮

郝铮铮，男，汉族，中共党员，华东交通大学信息工程学院计算机科学与技术专业2019届毕业生。

2018年华东交通大学"闪耀花椒"校长奖学金提名奖获得者。在校期间曾任信息工程学院计算机2015-1班班长、计算机2017-1班带班党员、学生二支部宣传委员等。勤奋学习，连续四年均学分绩排名专业第一，修金融双学位，曾获得国家奖学金、校特等奖学金等。热爱科创，参与一项国家级大学生创新训练项目、获授权两项软件著作权，曾获得中国大学生计算机设计大赛三等奖、全国大学生智能互联创新应用大赛三等奖、蓝桥杯江西赛区一等奖等竞赛奖项。获评校优秀毕业生及校优秀毕业设计称号，现已推免至湖南大学攻读硕士学位。

大学时光短暂而美好，转眼间，自己已从"2015级新生"变成了"2019届毕业生"。回忆大学时光，我与师友曾一起见证了母校四十五周年校庆的光辉时刻，见证了母校成立江西省内首家人工智能学院，见证了它正式踏入省部双共建的行列。我们见证着母校变化的点滴，母校也承载着我们点滴的成长：不论是逸夫楼里的奋笔疾书、教四栋科创基地里的挑灯夜战，还是田径场上的挥汗如雨、华中路上的欢声笑语，一幕幕犹在眼前。

如果可以用一个词来概括自己四年的大学生活，那便是"充实"。每个阶段都有全新的挑战和任务在迎接自己，每个阶段都很充实。依稀记得上大学前，经常有朋友对我说"上了大学，就轻松了"。但现在回想，自己的大学生活并不轻松，恰恰相反，过得很充实甚至时常很忙碌。而"人生没有白走的路，每一步都算数"，正是这样充实的大学生活使自己一步一步成为更好的自己。回首大学时光，我将自己在大学生活中的成长与进步归功于以下四则运算。

对待勤奋用加法

"业精于勤荒于嬉，行成于思毁于随。"大学是新的起点，更是新的征程。初入大学时，我就告诫自己，学生应当以学习为本。自己可以积极尝试、全面发展，但前提是学习不掉队。大学前两个学期，通识课程比较多，也是大学期间挂科概率比较大的两个学期。与其在期末时突击复习，不如把功夫下在平时。课堂认真听讲，课下独立完成作业，保持高效的学习状态，就会有更多的自由时间供自己支配。大一上学期时，自己的固定学习场所在图书馆，首先会完成课业任务，之后会读一些感兴趣的书籍充实自己。久而久之，自己逐渐从一个人去图书馆变成和身边的同学一起去图书馆学习。在期末复习周时，并没有花费很多时间突击学习，但最后也会取得不错的成绩。

在大二时，我选修了金融双学位。回想自己当初选修金融双学位的原因是对金融知识感兴趣。而选修金融双学位意味着课程会增加很多，但自己并没有把这些当成负担，兼顾认真学习好本专业课程以及双学位课程，注重学科间交叉学习，时常思考计算机领域的知识哪些可以应用在金融领域。大二之后，课程主要从通识课转变为专业课，刚接触专业课难免会觉得专业课比较难，尤其是计算机专业的编程。学习新知识前，我首先会思考"是什么、为什么、怎么做"。对于理论问题，我会主动向身边的同学以及老师请教，经常在课后到老师办公室请教问题；对于实践问题，我会在课后巩固练习，同时注重培养自己的检索能力以及解决问题的能力。

对待安逸用减法

"跳出舒适区，才可能遇见更好的自己。"上大学前，我的性格比较内向，不善言辞。而大学时期，积极参加学生工作使得我逐渐乐于并善于与人沟通。大一上学期，我并没有担任班委的职务。而在大一下学期，班级班委统一调整，这时我竞选了班级学习委员。意料之外的是，辅导员黄清华老师与带班党员商议后，推荐我担任班级班长。当时我觉得自己不能胜任，担心自己会忙不过来，更担心自己处理不好班长的事务，但又不想辜负黄老师与学长的信任，就决定先试一试，努力去履行好班长的职责。现在回想起来，觉得自己是幸运的，也非常感谢黄老师与学长的信任与肯定。班长的任务的确很多，但在过程中，我的收获更多。无论是办公技能还是为人处世，自己都受益良多。

后来自己又先后在学院学生会与学生党员教育管理中心从事学生工作，自己在收获成长的同时也为学院以及身边的同学贡献出一份力量。我的带班党员在大学期间给予了很大的帮助，让我少走了许多弯路。我认为自己应当将这种优良的"传帮带"精神积极践行下去，于是主动竞聘了17级计算机的带班党员。作为带班党员的时候，自己充实并快乐着，看到学弟学妹的成长与进步，自己打心里感到开心。在大学，不要自我设限，努力跳出自己的舒适区。因为舞台再大，自己不上台，永远是个观众；平台再好，自己不参与，永远是个局外人。

对待机遇用乘法

"依托平台，把握机遇，充实自己。"大学时，母校为所有学生都提供了许多双创平台。我在大二时加入了信息学院的嵌入式实验室，学习课外的专业知识，并参加各类科创竞赛。记得第一次参加的比赛是江西省计算机作品大赛，当时与实验室的小伙伴一起设计了一款智能送餐机器人。那时我一有时间就泡在实验室里，与搭档一起改模型、调代码，经常晚上十一点才从实验室回宿舍。最后虽然只取得了省赛二等奖的成绩，但是过程中收获了许多，并且开始懂得要培养自己的学习能力。参加科创竞赛对专业学习有着正反馈，参加竞赛过程中学到的知识可能有助于之后专业课程学习，而专业课程学习到的知识也可以应用到竞赛中来提高竞争力。从那以后，实验室便成了我在大学期间待的时间最长的地方。

后来偶然的机会，我有幸加入了学院姜楠老师的智能物联网创新实验室学习，学习智能家居相关知识。其间，我与搭档一起在实验室学习，一起到深圳实习，夯实专业基础知识的同时，开阔了眼界。同时，我们一起去北京、上海、广州等各地先后参加中国大学生计算机设计大赛以及全国大学生智能互联创新应用大赛等竞赛，竞赛过程中不单单是与其他学校的同学同台竞技，更多的也是交流学习并发现差距。眼光不能局限于大学里的同学，也应当多与其他大学的同学沟通，发现差距并努力迎头赶上。而参加科创竞赛就给自己提供了这样交流的机会，其间自己收获的竞赛成绩也为后期保研增加了竞争力。大学时，除了学好课程知识，也应当利用好学校提供的环境与平台，积极参加各类竞赛，主动与老师沟通，争取参加老师的课题组学习。

对待拖延用除法

"种一棵树，最好的时间是十年前，其次是现在。"大学期间，应当拒绝拖延。大学时关于拖延令自己印象深刻的两件事，其一是关于六级刷分。第一次六级考试，自己虽然通过分数线，但成绩并不理想，便萌生着刷分的念头。但是自己虽有想法，却迟迟没有行动，久而久之，总想着先把手头的事情做完，六级刷分的事情一拖再拖。最后导致毕业后，六级的分数依然没有提高。而研一选课时，自己得知六级考试成绩达到一定的分数线，可以免修英语课程。寝室中，其他室友都申请了免修，可以把更多的时间放在科研学习上，只有自己需要继续学习英语课程。而这只能怪自己大学期间对于六级刷分的拖延。

另一件事情是，大二期间实验室学长就告诉我，作为计算机专业的学生，无论是找工作还是读研，大学期间最好在平时多练习算法编程题目。自己听进去了，但却因为拖延，迟迟没有行动。在大三下学期得知许多高校计算机专业的夏令营和预推免考核都有机试，匆匆忙忙地准备，最终机试考核也没有取得理想的成绩。"拖延和等待，是这个世界上最容易压垮一个人斗志的东西"，不要等明天，明天太遥远，今天想到就从今天开始行动。

习近平总书记曾寄语我们青年一代："人的一生只有一次青春。现在，青春是用来奋斗的；将来，青春是用来回忆的。"宝贵的大学时光应当拥抱奋斗，把自己融入奋进的潮流中，在奋斗中收获进步与成长。愿正在读此文的学弟学妹们，不负韶华，珍惜大学时光，在花椒踏上实现梦想的旅途，开启精彩无悔的新篇章！

个人答辩，请扫二维码

时光与我爱着你

安雪芬

安雪芬，华东交通大学人文学院法学专业2019届毕生生，2018年"闪耀花椒"校长奖学金获得者。

这是一场始于颜值，陷于才华，忠于气质的相遇。

初相识

英雄城北，赣江河畔，双港东路，孔目湖边，这是华东交大，这是双港大街808号，这是我和法学第一次相见的地方，这是我四年青春开始的地方，也许刚步入校门的我还不知道，这会是我不断突破自我、收获爱与感动的地方。

在初相见时已被感动

谈起法学，总会让人联想到法庭上严谨认真辩护的律师，总会联想到堆积在一起的各种法典。而在我的眼中，我所热爱的法学是一门社会科学，它源于生活而又归于生活，在人性道德与文化之间，寻求公平正义。法学也是一门类自然科学，它关注着科学技术发展，也与科学技术共同发展一同进步。法学事业是我所坚持的，也是值得我坚持的，它是有温度的语言，用每个人手中紧握的爱，温暖每一个人的心灵。

2015年在花椒，初次见面的法学专业，是将梦想化为努力方向去奔跑的力量，它不仅仅是课堂上的知识学习，还有专用于实习的模拟法庭。

在奔跑中将热爱变为优势

我热爱舞台，相信文字是可以感动人心、温暖人心的力量，从三岁到二十二岁，舞台存在于我的整个少年时光里。无论是舞蹈，还是主持，每一分钟、每一年，每一次经历、每一次成长，我都在舞台上用自己的方式记录着时光，用文字和表演去传递力量。来到花椒，我发现这里为我提供了更大的舞台，双港东大街，无论是奔波在天佑路上的我，辩论场上的我，还是主持台上的我、电视台文字背后的我，抑或是站在校史馆里的我，都在奔跑中将热爱化为优势，描绘着属于我和花椒的初相识画卷。

再相知

时光匆匆，微风阵阵，我想我在逐渐了解你，却不知你仍在不经意间带给我惊喜，你听，花椒在和我说："小姑娘，恭喜你在不断成长，那么接下来请开始守护你的小天使吧。"

在"套路"中不断成长

我们在大二年级初次相见，那时的模拟法庭，对我来说还是新奇的样子，我们在观众席看着往届模拟法庭的视频，翻开自己手里的实习案卷材料阵阵心慌。毫无准备的相见，却在老师耐心细致的指导中，慢慢变得温暖。

2017年至2018年，在学校开展的模拟法庭实务训练中，我有幸担任刑事、民事以及行政模拟法庭的小组组长，组织模拟法庭活动，并担任审判长一职。模拟法庭伴着我们从大二的初冬，走到大三的盛夏，在刑事民事行政的不同类型的案件实习中，我们渐渐发现学法的"套路"，是坚持，是严谨。程序问题不可忽视，证据来源不能略过，在一次次的小组会议讨论背后，是理论观点的交流，是逻辑思维的碰撞。是在既定流程之中发现正义的身影，是在唇枪舌剑之中守护心中的律法严明。在一次次的实践之中我学会了团结合作，学会了分工配合，学会了案例分析，学会了文书写作。从最初的无从下手，到最后的轻车熟路，每次实训的背后都是成长，模拟法庭的门前、座位上、法槌下都记录着我的泪水和欢笑。

在成长路上遇见我的小天使

2017年的9月，我遇见了我的小天使们，17法学，我拥有了新的身份，17法学的带班党员，从被守护到守护别人，在相守的时光中我们共同成长。还记得初次相见的局促不安，我在努力记住每一张可爱的笑脸；还记得校运会后你发来成绩时开心的笑脸，还记得在南礼后台你和我说"姐，放心有我在"，还记得为了安慰那时伤心的你，我偷偷去和你的父母要来一封家书。后来，我们在偶然的交谈中发现，原来我们都在为彼此而努力，都在努力成为让对方骄傲的人。我的小天使们，谢谢我们的相遇。

共相守

2018年接近尾声，离开花椒的那一刻在不断地接近，我开始沉下心来总结这四年来我的经历与收获，想为母校交上一份完整的答卷。

在回首时手捧珍宝

前方，是温暖的未来，回首，身后是你支持着我一步一步走过的四年时光。在四年的时光里，我在鼓励和支持中不断前进，收获自己的果实。

有幸在2016年11月代表学校参加"江西省大学生科技创新与职业技能竞赛"，参与模拟法庭诉辩赛活动，荣获模拟法庭书状技能比赛中，本科组被告方答辩状一等奖，以及原告方起诉状二等奖。为了增强自己的实务能力，提高自己的案例分析能力，了解国内外案例分析的不同方法，2017年我报名参与了2017年中南财经政法大学开设的中德法学"案例分析暑期培训班"，在此过程中接触德国法下的鉴定式案例分析，并加深对中国案例分析方法的认识。在老师的指导帮助下，在小伙伴的陪伴和激励之下，我有幸接触到各种各样的学术活动，在经历之后我明白学习没有止境，求知没有终点，我们需要不断地接触专业的更大的舞台，敢于走出去，勇于展示自己去与优秀的前辈交流，在丰富的实践活动中不断地进步。

与此同时，在花椒这个大舞台上，我将自己的兴趣爱好变成了自己的特长，将热爱变成了专业与坚持。成长过程中积累的主持经验与专业能力，得以在本科学习期间得到更专业系统的训练，获校院级主持人大赛奖项，并多次主持活动，内容包括学术性讲座、颁奖晚会、娱乐晚会、大型比赛等。同时为了培养自己的辩论技能，多次参加辩论赛，有幸荣获辩论赛一等奖以及最佳辩手称号。在校史馆讲解员的经历中，我近距离地接触花椒校史，一次次地在感动和激励中戒骄戒躁，脚踏实地勇往直前。在电视台的撰稿、播音经历背后，我看到最平凡的日子里、最平凡的岗位上每天都在上演不平凡的爱与感动。

在时光里遇见了更好的自己

从省级模拟法庭专业比赛中爱上正义的力量，从一次次的论文修改中感知法律的温度，从国家社科基金课题的讨论会中寻找内心的信仰。这时的花椒告诉我，要以工匠精神去学法，脚踏实地，刻苦钻研。参与国家知识产权培训会议准备工作，为创新人才讲授专利申请保护知识，让科研成为国家核心的竞争实力。这时的花椒对我说，要以律政思维去知新，为中国标准，为中国智造，提供最坚实的后备力量。清晨的青草香气，凌晨的点点星光，我在双港东大街的土地上不断奔跑，在时光里遇见更好的自己。

盼重逢

是我爱了整个大学时光的母校，告诉我们加油，它会一直在；是我们坚持做到完美的实习，告诉我们别怕，它会陪着我们；是我们据理力争中不断成长的过程，告诉我们不悔，我们都在努力。我的母校，是精益求精的团队，这是负责任的团队，你听过凌晨四点城市苏醒的声音吗？我不知道，但是我知道我的老师听到过凌晨两点的花椒蝉鸣。优秀不是与生俱来，而是愿意付出努力。可能我们说谢谢还是太潦草，那就努力成为老师桃李满天下时最苗壮的那一株。感谢你们给予我们的机会，让我所热爱的更加深爱。学到的不仅仅是知识，还有情怀和视野。

与你相遇好幸运

最后，我想对四年的时光，陪伴我走过四年时光的恩师、伙伴，对我的母校再次说一声：谢谢。感谢我的学校、恩师还有我的同伴，是他们让我蜕变成一个热爱生活，心怀感恩的人，也是带班党员的经历让我明白换位思考，让我明白我们的每一步承载着多少人的期望和心血。

我的母校，请给我蜕变的时间，我将会以更优秀、更自信的样子重新出现在双港东路，满怀感恩、面带微笑地回到熟悉的地方，尽我所能为母校的建设发展贡献自己的力量，将爱传递，让花椒的力量去温暖、保护更多有梦想的花椒学子，做到饮水思源，常怀感恩。

2015年9月—2019年7月，这是一场始于颜值，陷于才华，忠于气质的相遇。我们出走半生，归来仍不忘初心。

时光与我爱着你。

个人答辩，请扫二维码

饮水思源，砥砺前行

洪肇杰

洪肇杰，男，汉族，华东交通大学体育与健康学院2019届毕业生。2018年获得华东交通大学"闪耀花椒"校长奖学金提名。国家一级武术运动员，国家一级武术裁判员，曾任华东交通大学武术协会社长，华东交通大学武术队队长以及江西省武术赛事的裁判员。曾连续两届获得中国大学生武术竞艺大赛三项金奖，2015年中国大学武术套路锦标赛男子乙组枪术第一名，第十三届中华人民共和国学生运动会武术比赛集体项目第一名，2017年中国大学生武术套路锦标赛男子甲组剑术第一、枪术第二、对练第二名、团体总分第二名，2018年中国大学生武术套路锦标赛男子甲组对练第二名，2018年江西省运动会武术套路比赛枪术第一、对练第一、集体项目第一、剑术第二、长拳第三名，2019年中国大学生武术套路锦标赛男子乙组通臂拳第二名等奖项，多次获得校二、三等奖学金，曾获"优秀运动员""武德裁判员"等称号，现已保送至本校继续攻读硕士研究生学位。

即使跌入低谷，也不要放弃梦想

或许在许多人看来，所谓逆袭的故事只会在小说里出现。也有很多人深陷在自卑与消沉的泥潭里，浑浑噩噩看不到未来。曾经，我也是这些人群中的一员，一贯对自己前方的路满心迷茫，感觉未来距离自己是如此的遥远，于是一晃眼我便一脚踏入了高三大关，因为各项成绩较差的原因，孤僻的作风与内向的性格也让我从未被老师看好过。可是我的内心仍旧抱有些微的希冀，期盼自己能够有所改变，期望真有奇迹发生的那一天。

2014年初的我，懵懵懂懂，每天陪伴我的只有训练和学习，目标也就是训练进步、学业进步，按部就班地进行就好了，但那一天的到来好像一切都不一样了，回想起来仿佛就发生在昨天。那天，华东交通大学体育与健康学院竞训部主任、武术队老师贺天津来到了我所在的高中挑选运动员，没能想到自己获得了那届唯一的机会，在那时自己也默默地下定决心，要加倍努力，不辜负大家的期望。虽然在同学面前羞于开口，但我真的很想抓住这次机会，生平第一次感受到了放手一搏的冲动，可能是我的心愿太过强烈导致超常发挥，于是奇迹真的发生了，在选拔训练的过程中我居然真的被贺天津老师选中了。得知消息的那一刻我略微有些恍惚，而前方的路仿佛终于初次显现出了轮廓。

初来交大不到一个星期，我的新奇感就已全部消失殆尽。在意识到自己与师兄师姐的巨大差距时，不免感到沮丧，感觉就好像是从一个地方的中等水平换到另一个地方当吊车尾罢了。当时正好撞上雨季，每日都是绵绵的细雨抑或是倾盆大雨，整日阴凉就如同我的心情。而从小过分单调的生活环境也让我在褪去新鲜感后难以适应在交大的学习与训练生活。但是我知道"师傅领进门，修行在个人"。走进交大的校门，是我人生的机会和转折点。千里之路始于足下，如若我想做出改变，就一定要从现在开始。集训开始了，一时间，前所未有的劳累与疲惫，从未经历过的高强度训练和日益缩短的休沐时间，都给予了我空前的压力，而与师兄师姐们的差距也让我的内心备受煎熬，对于那时的我来说，每一次的场上演练都是一次折磨，教练与师兄师姐透着鼓励却难掩失望的眼神，大量练习带来的劳累压迫感，还有自己对自身的否定与心焦都让我日复一日地彻夜失眠。曾经有一段时间，我甚至胡思乱想乃至自暴自弃，但是生活在继续，没有人会留在原地等待我的懈怠，这些消极的情绪只能留给临睡前的黑夜，而第二天黎明的我依旧会继续拼搏。为了能尽快追赶上大家的脚步，在高强度的集训期间，我的个人加训也随之开始了。那段时间几乎一直泡在训练房里，每天除了上午和下午的6个小时外，晚上我还要额外加练2个小时。一个人的场地显得格外空旷，可我也感受到了空前的自由，少了他人的目光，我可以毫无压力地练习不好看的动作，一遍一遍直到它标准为止；没了扭捏的羞涩，我可以在场地上尽情地奔跑，给自己加量，累了随意躺倒，开心了直接大笑。慢慢地，量变化为质变，我的各项指标都获得了飞跃般的进步。虽然在加训的初期让我感觉十分疲累，但取得的进步与成果更加让我欣喜若狂。生平第一次，我开始为自己感到骄傲。与之而来的是日益增多的自信，而自信成就我更多的进步。慢慢地我开始适应在交大的生活，慢慢融入了这个集体，跟队参加了各种比赛：

2014年10月参加省运会，我开始以后勤身份跟队参加赛事，在看到大家团结一心一起为交大摘金夺银时，内心是说不出的感动。

2014年12月竞艺大赛，我第一次代表交大参加比赛，虽然自己的比赛身份在团队中只是一个小小的角色，但是从开学到这场比赛感受到了与队员一起努力，一起集训，一起流汗的滋味……

2015年8月全国大学生武术锦标赛，在河南理工大学，因为这是我入学第一次参加这种比赛，老师怕给我压力并没有要求我拿多好成绩，目的只是希望我能得到锻炼，然而出乎所有人意料，在对手水平相对较强的组别中，我居然拿到了金牌，那一刻我感觉自己犹如新生，以前的孤僻与自卑仿佛一瞬间离我而去。

直到现在我都会感慨，还好当初没有放弃希望，还好我一直保持着对未来的幻想。并不是所有的人生都会一帆风顺，出生在这个和平的年代，更不可能一生都阴暗波折。只要你在低谷的时候，千万别放弃梦想与希望，更不要放弃自己，因为天生我材必有用，每个人都会找到适合自己的道路，不要心急，这只是时间的问题。

母校如山，饮水思源

2017年的7月，在飞旋的尘埃中，伴随着一声声惊呼，我猝不及防地跌倒在了训练馆的场地上。

钻心的疼痛似乎只是一刹那就被忽略了，最难熬的是等待医院检测结果时的焦虑。在得知脚踝骨裂的时候其实没有太多的感觉，唯有阵阵寒意伴随着炎热的夏风向我袭来，火一般的炎阳照射在脸上，却仿佛失去了以往温度。一个月后就是全国大学生武术套路锦标赛了，我的路途却成了未知数。

其实一开始并没有太多的负面情绪，因为我深知在这种情况下着急是最没有用处的情绪，此刻我能做到的就是尽人事，听天命。我受伤的时候正值集训期，因此休息了一个星期之后，我立刻返回了熟悉的训练场。但是恢复训练的成果却在预料之中的不尽如人意，因为终究是抱有幻想，感觉受到了更大的打击。每当脚踝传来锐痛与绵软都会让我的心多一分烦躁:我已经大四了，能代表交大参加的比赛越来越少了，我却不能拿出自己的最好状态。想到这里，我就十分沮丧。我的教练将我的颓圮都看在了眼里，他总是时不时与我谈心，学院里的各个老师们也总是来武术队慰问我们的训练情况，在送来慰问品的时候都会多准备上一支药膏……大家的关心与殷殷期待的眼神让我忽然意识到:我不是一个人在奋战，我的伙伴，我的老师，我的学校，都在期待着我的恢复，他们就那样默默地站在我的

贺天津老师检查我的脚踝伤病情况

集训前的康复训练

身后，给予了我最坚强的寄托与依附。

训练仍在持续，但是心境却在大家的关心下恢复如初。脚踝的钝痛一直在影响我的训练状态，每次完成一个旋转跳跃都变得异常艰难，平均每天肿一次的脚踝似乎成了常态，短短的一个月过去了，这种情况一直持续到比赛。

在走向赛场的几分钟里，我的心似乎都是悬空的，因为这次比赛的状态只能拼运气。站上赛场的一刹那，感觉像是心在坠落的过程，坠向一个无底洞，却不知是谁喊了一句"交大加油！"，后面接连起伏地跟着"交大加油！""杰哥加油！""加油加油啦！！！"……瞬间，我的心被无数双手托住了，无数的温暖与力量通过一双双手传来，在我的心里激起了惊涛骇浪。我深吸一口气，感受到的不是沉重与压力，而是背靠了一座山，一座名叫"交大"的山，我每走一步它就跟随一步，陪我完成这整场比赛。

当我忍着脚踝伤病所带来的锐痛完成最后一个动作的时候，我甚至有些发蒙，这是我集训到现在，难度较高而演练、精气神各方面感觉最好的一套。此刻观众席上爆发出一阵热烈的欢呼，掌声、欢呼声、加油声，一声声拨动着我的神

经，一瞬间我几乎热泪盈眶……我背后的那座山，它从未离开过，它默默支撑着我，陪我完成了这整场比赛。

这次比赛创造了我的个人以及花椒武术队男子团体历史最好成绩。

而那座名为"交大"的山，它温暖又深沉，沉默且可靠，直到今天，仍然默默地支持着我，做着我坚强的后盾，从未离开过。

从迈入交大的那一刻，我的人生开启了新的篇章，她是我人生的转折点。回首望去，从大一到现在一路走来，有辛酸，有喜悦，有泪水，也有醇美的感动。这条路上站着我的老师、我的教练、我的队友，还有我的同学。他们给予我默默的支持，一步一个脚印伴我成长至今。拥抱着交大给予的光和热，我将继续砥砺前行，不忘初心，饮水思源，为学弟学妹做出榜样，做求真务实、积极进取的交大人。

个人答辩，请扫二维码

学生干部也能品学兼优？——这当然可以！

黄　裕

黄裕，女，汉族，中共党员，华东交通大学交通运输与物流学院交通运输专业卓越班2019届毕业生。

2018年华东交通大学"闪耀花椒"校长奖学金获得者。曾任华东交通大学第35届学生会主席、列车控制网络实验室负责人、江西省11期骨干培训班学员、江西省学生联合会第九次代表大会代表团团长、华东交通大学十期世纪英才学校暑期"三下乡"志愿服务队队长。在校期间授权专利、软著4项，发表论文3篇，获"全国大学生人工智能创新大赛金奖""国家奖学金"等6项国家级奖项，"第四届江西省'互联网+'大学生创新创业大赛金奖""江西省优秀共青团员""江西省第四届大学生创业公开课总决赛冠军"等8项省级奖项，"优秀毕业生""优秀毕业论文""特等奖学金""优秀共青团干""三好学生""优秀干部"等20余项校院级奖项，参与研发的仪表识别设备被南昌铁路局运用。现已保送至中南大学攻读硕士研究生学位。

何为品学兼优？

四年前，当我还是一位"鲜又嫩的花椒"时，怀揣着对大学生活的好奇与向往，我思考着一个问题——怎样度过大学生活，才能使青春无悔。思考了许久，我的回答是：努力做一名"品学兼优"的大学生。但那时我对"品学兼优"四字的理解，仅仅只是拥有良好的道德品质、优异的学习成绩以及出色的工作能力，于是乎我便在保证自己学业成绩的前提下，通过参加学生会、社团等组织来锻炼自己、提升自己。

就这样，我度过了充实而又快乐的一年。临近学生会换届时，我的内心是十分复杂的，与小伙伴们共同奋斗的那些日日夜夜让我对这个组织早已有了深厚的感情。当同学们有困难时第一时间选择向我们寻求帮助，我为自己能够被同学们信任而感到满足；当大家对我们所做的工作表示认可时，我为自己能够为同学们服务而感到自豪。因此，我选择了继续留在学生会，继续服务同学、奉献学校。

从那时起，我不再从个人角度来定义自己的奋斗目标，而是转为了学生的职责、对组织的热爱以及身为花椒人所肩负的使命与担当。因为学习是学生的第一要务，大学四年我在学习上从不松懈，学生工作与社会实践的忙碌并不能成为阻挡学习的借口，相反它激励着我能更好更合理地利用和安排时间；因为热爱与责任，我在学生会坚守了三年，我和学生会以及学生会中的每一份子，都紧密地联系在一起，我们一起一次次地诠释我们的竞职宣言，创造了一段又一段的回忆，践行着全心全意为同学服务的宗旨；因为使命与担当，我在创新创业的路上越挫越勇，我期望能以我之力量，吸引带动一批同学深耕双创，助力更多的花椒学子圆梦双创，推动交大双创再创历史辉煌！

为什么学生干部不能品学兼优呢？

在你眼中，学生干部是什么样的呢？学生干部又应该是什么样的呢？在我眼里，学生干部是以身作则、当好表率、全面发展的当代青年，更是同学们的宣传员、服务员、办事员！

但在我大二期间，有关学生会干部的负面新闻频繁曝光：成都某高校学生在微信群里因为称呼某学生会主席为"学长"而被骂；学生因在群内回复学生干部"哈哈哈"三字，被对方要求"不给一个理由"就罚交400字检讨；浙大学生会某社团干部被曝斥责赞助商，聊天时"官威毕显"……那段时间我经常想起之前和一位老师的聊天，当时这位老师说的一段话让我至今都印象深刻："以前的学生干部那可都是学生们心中的榜样，因为他们不仅工作能力出色，学习成绩也好，可谓是全能型的呀，可现在的学生干部虽说工作能力出色，但学习成绩、科研能力却跟不上了……"

"学生干部不应该是这样的""学生干部应该是怎样的"这类疑问充斥着我的大脑，学生干部的负面新闻无疑影响了同学们对学生干部乃至对学生会组织的信任，同时身边存在着不少学生干部挂科等现象也让我开始怀疑究竟学生工作和学习能不能做到兼顾。经过反复地自我肯定与自我否定后，我决定要用实际行动为学生干部正言，我想证明花椒学生干部不仅作风正，而且品学兼优！

我想说：我，用实际行动为学生干部正言！

坚守学生工作，只为初心不变

记得刚进学生会，"女生当男生使，男生当牲口使"这句话就深深地烙印在我们每个学生会成员的心里。一开始的我当然也和你们一样，是恐惧的，是质疑

举办我校第十四届社团文化艺术节

的。真的会是这样吗？事实证明，确实是这样，所以很多人在干了仅仅半年就选择退缩。我当时的想法是：既然当初选择了成为学生会的一员，就要与普通同学不一样，你要舍弃一些安逸，也要付出得更多。

作为省学联主席团单位成员代表、学联九大团长参加学联九大

自大一加入校学生会，从干事到部长再到主席，我想要为交大做更多事的欲望愈发强烈。"特别能吃苦，特别有战斗力"是我在学生工作之中凝练的学生会精神，在担任学生干部期间，我积极推动我校学生会制度改革、机制革新，从强化学生干部队伍、维护学生权益、展示校园文化等多个方面策划组织全校学生干部"读书班"、校领导恳谈会、社团文化艺术节等大型活动，得到了强烈的反响并引起许多校内外媒体密切关注。此外我借助全国学联第二十六届委员会第二次全体会议、江西省学生联合会第九次代表大会等国家级省级平台发出交大最强音，积极对接兄弟高校学生组织，不断取长补短，使我校学生会在省内外学生组织中树立了良好的形象。

在校服务同学，在外服务社会。我多次参与志愿者服务及社会实践，在2016年江西网球公开赛志愿服务中，在近40摄氏度高温

重温红军路

的赛场上监控着比赛各种情况，处理着场内场外的各种突发状况；在第十五届挑战杯江西赛区决赛志愿服务中，为了确保接待工作的万无一失，一天仅仅三四个小时休息时间并没有击垮我，我仍然坚守在一线工作岗位，为专家组提供优质的服务，彰显我校志愿者的精神风貌；在2017年的华东交通大学世纪英才学校暑期"三下乡"社会实践活动中担任队长，在下乡期间，组织策划"实践青春 美丽中国行"系列活动，在实践地湖北省黄梅县取得当地百姓的良好反馈。

专注创新创业，哪怕路途艰辛

享受过程、收获成长，科研创业是一个持之以恒、先苦后甜的过程，在这我想给大家分享一下我们创业项目（AI仪表数据采集系统）的着手点亦是创业的起始点，这要从一次南昌车辆段的实习说起了。那时，在与车辆段主任闲聊的情况下，我们了解到现场上百个仪表需要通过员工一个一个地去读取数据，不仅费眼，而且也浪费人力物力。当时在闲聊玩笑中的我们还说道："主任你提的这个问题包我们身上了，我们当代大学生可是品学兼优怀揣中国梦的社会主义接班人，日后我们定会研发出这类产品来解决这类问题的哈哈。"

或许，一次闲聊的玩笑话不足以当真，但回到学校之后，我们却开始认真地着手研究。其间虽然遇到过很多问题，包括资金不足、程序调试反复失败、现场匹配不上等等情况，我们也会有抱怨、有泄气，但不轻言放弃才是对我们对团队最好的负责。在经过上千次失败的情况下我们最终成功研发出了仪表识别设备，在与南昌车辆段签署了产品采购协议后，我们拿到了第一笔属于团

参加第二届中国高校科技成果展

队的资金，当时我们的第一反应就是，终于不用再节省生活费拿来补贴项目研发资金了，也终于能在炎炎暑假回家啦！此后，我们不断对产品进行改进，并开始参加比赛、申请专利与软著、撰写论文……

创业事迹被江西二套、江西卫视等媒体采访报道

越努力越幸运，虽然在科研的起步阶段十分艰难，但我从未想过放弃，我也十分感谢一路以来支持我们、帮助我们的同学和老师们。当我一次次佩戴校徽、挥舞校旗领奖时，我因自己是交大人而感到自信，我为是花椒学子而感到自豪！

感谢花椒一路以来的陪伴、关心和爱护。花椒，是我青春最引以为豪的标记。

在"赣江新区杯"江西省大创课中夺得冠军

作为花椒人，我会以"日新其德，止于至善"的花椒精神继续奋斗，从花椒到未来，永做阳光、踏实、坚毅的运输人！

个人答辩，请扫二维码

有一分光 发一分热

赵飞燕

赵飞燕，女，汉族，中共党员，华东交通大学艺术学院音乐学（声乐）2020届毕业生。

2019年华东交通大学校长奖学金获得者。曾任艺术学院2015级音乐学（声乐）班团支部书记、副班长，华东交通大学女子合唱团助理指挥、秘书长，华东交通大学花椒先锋党员志愿服务站副站长，艺术学院第十三届学生会主席等。获国家奖学金、国家励志奖学金、校长奖学金、文体艺术专项奖学金、自强专项奖学金、赣能奖助学金、校二等奖学金及校三等奖学金。荣获全国第五届大学生艺术展演活动二等奖、2019年江西省学校共青团"微团课"大赛本科类高校学生组决赛第二名等奖项。多次参与省校级活动，获得"华东交通大学优秀共青团干部""华东交通大学优秀学生干部""华东交通大学社会工作奖"等荣誉称号，现已保送至本校继续攻读音乐学硕士研究生学位。

启程

18岁的我，坐上了塞满行李的车子，一路上行驶了947公里来到了交大。面对新的环境和新的开始，我与刚步入交大的每一位新"花椒人"一样，对即将到来的大学生活充满了无限的期待，但在期待的同时，也怀有一颗不负韶华的初心，踏实地走好脚下的每一步。

当一个人勇敢地突破了自己的舒适区，他的面前，就是海阔天空。大学之前，我不是一个善于言辞的人，很多时候我会主动去思考，主动去做，但不太会说。开学军训期间，在竞选班级负责人时，我鼓起勇气走到座位前进行了竞选发言，在一阵掌声落下之后，紧张的心虽然都快提到嗓子眼儿了，但真诚永远是让他人信任的最强劲力量，最终我成功当选。此后，也就有了参加学生会、篮球队和合唱团的竞选，开始了我"陀螺式"的大学生活。

取舍

为什么说是"陀螺式"的大学生活呢？那是因为，汗水滑落的快感比一顿夜宵的满足感更加美好。在大一刚开学的前一个月，我穿梭在艺院大楼、学生会办公室、图书馆和篮球场间，每天微信运动的20000+使我的生活非常充实，每晚回到宿舍倒头就睡。直到月末来了，生活费支撑不了接下来的日子，在篮球场上参加训练的我就给母亲打了电话，结果她"醋意大发"地说："没钱了才知道打电话呀？"当时的我才意识到一整个月没给家里打电话，但自己也不是在虚度，随即就蹲在篮球场的橡胶地面上委屈地流下了眼泪，这时我又意识到，我们不一定要像个超人一样面面俱到，在享受汗水滑落快感的同时，还是得懂得取舍。

放弃，并不意味着失去，因为只有放弃才会有另一种获得。所以，大三那一年我选择退出篮球队，但这并不代表丢弃运动。大学五年，每年的校运会赛场上都还是有我的身影，这样的取舍也让我有了更充沛的精力更专注地投入到更想做的事情中去。

折腾

想做的事情怎么才能真正地把它做好？我一直坚信，学会"折腾"和坚持，做一个对自己有要求的人，就能够做到不负韶华。所以，我每一天都在不停地接触新的事物、不停地"输入"新的思考。特别是在学生工作方面，大一担任班级团支书，大二担任学院学生会办公室主任，大三担任学院学生会副主席、华东交通大学女子合唱团助理指挥，大四担任学院学生会主席、华东交通大学女子合唱团秘书长。在此过程中，担任院学生会主席之前，我会有"怕事"的心态，总感觉有忙不完的事情，一接到要干活的通知就不自觉地有点抵触心理，我会因编辑文件时不仔细受到批评，会因处理不好一件小事情自责不已，也会因交流被误解默默流泪……但在这些时刻，我还是没有选择抱怨这些忙碌和敲打，而是选择反思做人做事的道理，因为凡事都要"坚其志，苦其心，勤其力"，才能有所成。

"生命在于折腾。"这句话是我不经意间在微信公众号上的推文中看到的，其实我们很多时候都会信心满满地说我已经很努力了，但殊不知比自己努力的人还有很多，比自己优秀的人也有很多。从那以后，我就知道所有的困难在人的面前都可以得到解决，我应该主动作为。所以，从最初的学习编辑文档、活动策划到参与中国青年网全国大学生青春筑梦音乐节活动《我爱你中国》歌曲的策划与排练，带领花椒艺术学子以此向祖国告白，再到后来的组织参与60余场次的文艺表演、志愿服务、权益维护等活动，服务师生达9500余人次，都是在自己的"折腾"中，走出来的。

谦逊

"少说漂亮话，多做些日常平凡的事情。"在大学的这五年中，我并没有设定过什么远大的目标，我只是把当下该完成的每件事情当作一个个小目标，一步一步地去完成。因为只有从小目标开始，才能向大的目标走去。

五年的合唱岁月，从大一刚进入合唱团，我算是最容易惹老师生气的那个。因为认谱、唱谱能力欠缺，所以效率低下，训练还经常跑神儿，但经过几年来的学习和成长，也看到身边学姐们的认真对待，我慢慢地赶上了大家的进度，慢慢地也可以带领学妹们一起学习，慢慢地担任领唱、担任助理指挥、担任秘书长。在举行音乐会期间，带领全体团员认真排练每一首作品、熟悉每一个动作，即使是在组织排练，但对于这个集体、对于我也都是成长。

五年的专业学习，我从来不会因每位老师的方法不同而影响到自己对声乐唱法的理解，因为我时刻把自己当作一张平凡的白纸，一张需要老师引导描绘颜色的白纸，在这样的基础上再勤加练习就能学到真正的东西，不会因接收到的方法多反而而乱了阵脚。

五年的大学课堂，教室前两排最中间的位置成了我的专属座位，我认真对待每一门所学课程，非常珍惜每一次演出机会，在大二时很幸运能有机会参加江西省高雅艺术进校园和江西首届（德兴）声乐艺术节开幕式音乐会等活动，对于平凡的我来说，这正是个巨大的挑战。但在此期间，我一直在虚心好学的基础上保持直面挑战的心态，每一步都脚踏实地，每首作品的每个音符、每个节拍都反复练习，以理论结合实践，最终在实践中得到成长和锻炼，专业成绩连续四年专业前二，发表论文两篇，计算机软件著作权两项，获得八次校级及以上奖学金。

"不骄方能师人之长，而自成其学。"只有谦虚好学，不骄傲自满，方可以学到真正的知识和他人的长处，成就自己。

勇敢

"时刻谦逊，保持勇敢。"不论在哪个时期，我们遇到的所有事情不可能都是自己所熟悉的，都是边学习边前进。所以，我们不仅得有谦逊学习的心态，还要有敢于挑战的勇气。

2019年7月，我参加了学校2019"天佑先锋班"暑期集中军训、培训，历时12天的"极限挑战"，在接受高密度"输入"的同时，第一次在烈日下努力坚持、在灯光下头脑风暴、在讲台上自信讲述，第一次与小伙伴们徒步走完将近30公里的路程……所有的第一次让我深刻理解了"以青春的名义，做永远的先锋"这句话的真实力量，也正是这次经历让我更想挑战自己。

在这次活动的收官之时，"终极任务"的下发，使很多小伙伴们惊讶不已，许多小伙伴们盼来的回家时刻也到来了，整理着行囊踏上了回家的行程。但这时的我，还是选择勇敢地挑战它，选择暑假留校，参与2019年花椒新生的开学典礼的策划工作。在此之前，我其实没有策划过很大型的活动，只是看过、听过和参与过，作为策划人员还是第一次。在40多天的日日夜夜里，对典礼的每一个环节、每一个节目都认真推敲，查找相关资料，很多时候没有更好的想法的时候，会不愿意睡觉告诉自己必须把它"攻克"。就这样，通过一次又一次的汇报，一次又一次的修改，从策划到具体实施，从执行名单统计、日程安排、场地协调，到筹备完工，一一次与时间赛跑、一次次坚定不移、一次次奋斗成长，都让我感到自己原来也可以做得到，也可以用自己的力量为学院、为学校、为国家贡献出一份绵薄之力。

"愿中国青年都摆脱冷气，只是向上走，不必听自暴自弃者流的话。能做事的做事，能发声的发声，有一分热，发一分光，就令萤火虫一般，也可以在黑暗里发一点光，不必等候炬火。"鲁迅先生在《新青年》的一篇文章里写下的这段话让我明白：天下事无所谓大小，只要在自己责任内，尽自己力量做去，便是在向上走。对于过去的奋斗，我会多一份感恩；对于未来的挑战，我也会多一份敬畏和责任。我会让每一个脚印，都扎实地记录一路走来的样子；让每一种所学，都勇敢地迈入"第一次"的实践；让每一次成长，都奋力地描绘"花椒"校园。

但行好事，莫问前程，前路有光，初心莫忘！

忠于内心，忠于自己，认真努力，一往无前！

青春不易，做好当下，活得认真，才好玩儿！

个人答辩，请扫二维码

在交大，我的故事

钟柠锘

钟柠锘，女，汉族，中共党员，华东交通大学国际学院会计学（CMA）专业2020届毕业生。

2019年11月华东交通大学"荣耀花椒"校长奖学金提名奖获得者。曾任班团支部书记，院团委一年级团总支副书记、书记，院团委大四年级团总支书记，现任国际学院CMA（美国注册管理会计师）党支部副书记。获特等奖学金1次、一等奖学金2次；大学生英语能力竞赛全国特等奖(2019年)、全国一等奖(2018年、2017年)，2019年第五届全国"互联网+"大学生创新创业大赛银奖，第五届江西省"互联网+"大学生创新创业大赛亚军、金奖；2018年江西省CIMA（英国特许管理会计师公会）案例分析大赛二等奖；校三好学生（2016—2019）、校社会工作奖（2016—2018）、校优秀党务工作者（2016—2018）。

大学三年绩点、专业均学分绩位列第一，综测连续三年排名第一。以笔试面试双第一的好成绩通过推免，曾获得江西财经大学和辽宁大学offer，获得江西财经大学、辽宁大学、暨南大学、东华大学、东北财经大学、首都经济贸易大学复试通知，最终选择江西财经大学会计学院继续深造。

简单的初心

2016年9月，我被华东交大国际学院录取，成为2016级会计学（CMA）专业的大一新生，开启了人生的新阶段。拖着行李箱来到风雨球场报到的我就许下自己的心愿：严谨求实，认真对待学业，四年后能够学有所成。

当时第一门课是专业导论，我们专业导师（当时还没实行导师制，但每个专业有专业导师）对CMA（管理会计）专业进行了细致的介绍说明，让我对自己糊里糊涂选择的志愿有了一个大概的"谱"：管理会计这门学科是财会和科技的"进阶版"。学好专业知识可以使我们站在战略层面运用各种管理咨询工具和财会知识，帮助一个个微观主体更高效率、更有成效地实现价值最大化，为国家经济的健康发展贡献出我们更多的智慧。这，就是管理会计专业的价值所在；这，就是管理会计学生的使命所在。尽管很多课程还没有开始学，我觉得自己的专业还挺有趣的，也明白了自己专业的价值和意义，这就更坚定了自己报到时许下的心愿，不负自己的大学时光。

我的学习生活

我们专业的带班党员很认真负责，他们的督促使我没有在大一懈怠，而是认真对待基础课（无论考试还是考察）。记得当初听说微积分这门课对我这样数学基础不那么扎实的同学来说有难度，我担心自己一个不小心就"挂科"。我们带班党员知悉后，安慰我"只要端正态度，努力学习，通过是没问题的"。于是，我认真对待自己所有修习的课程，尤其是令我畏缩然而对专业课重要的数学。自习教室、课室、寝室甚至食堂都曾经有我学习的影迹。就这样，我大一取得了4.26的绩点，这是一个我自认不错的成绩，使我暂列专业第一。

第一年的小胜使我意识到，专注和坚持是一种高效的好习惯。接下来的三年，我如一日地坚持着这样的学习习惯。

有时学弟学妹会问我，我的学习方法究竟是什么。其实我的学习方法很简单，就是很朴素的"课前预习，课中听讲尽量不缺课（请假偶尔参加重要活动除外），课后扎实写练习"三步走&"钻空学习法"（因为学生工作也会占去我一部分时间），只不过有不懂的知识点我会去找科任老师或者听懂的同学去请教，及时搞懂弄通。有时，光靠听课写作业还不够，我会去资料室（现在是去建成的北图南图）找课外阅读材料补充在课本上，拓展知识；所以你常会看到我的书往往是密密麻麻的，记满了我需要的知识点。

有意思的是，期末考试我往往采取"考一门，抛一门"的战术，大家围一起对答案时唯独我常想不起来自己写了啥；然而在新学期开始之前我会复习过去一学期的所学知识，因为我认为前面所学对后面的新课必定会有帮助，否则为什么安排这门先学那门后学呢？所以新学期听课时，对上学期的知识点我不至于太生疏，能够快速跟上老师的步伐，提高学习效率。

参加竞赛，积极进取

"没有参加过竞赛的大学生活是不完整的。"这也是我刚入大学时萌生的一个观点。作为财会学生，实战和理论的统一是要务。我认为，参加竞赛可以帮助我们另辟蹊径，跳出课本的条框限制，从实务实战中获得启迪新思。我非常喜欢参加案例竞赛，尽管备战过程是比较辛苦的，但是能和团队同甘共苦，一切就更加有了意义。看企业最新的案例，读经典的参考文献，请教科任老师和学长学姐，然后再"披删数十遍，只求最精稿"……只有经历了磨砺，才能成长。

英语是全球使用最广的语言，所以我不放松英语学习，因为我认为，多掌握一门语言，就多了一条和外界沟通的通道。在大一时，我获得了2016级校新生杯英语演讲比赛第一名；而通过参加NECCS（全国大学生英语竞赛）、外研社杯等英语竞赛，更加锻炼了我英语应用能力和临场应变能力。在这里我要感谢我的英语老师，在我比赛的每一个阶段都对我严格要求，也一直以非常友善的态度帮助我实现提升。

"互联网+"大学生创业创新大赛为我打开了新世界的大门。很幸运地，我所在的团队闯入了全国总决赛，在备战过程中，能得到学校的重视、聆听到行业专家的指导、遇到一群优秀自律的战友是我最珍贵的财富。这是一个更大的舞台，中国乃至世界最顶尖的科技和管理思维在这里得到展示。

通过备战一项项赛事，我逐渐掌握了更多技能，获得了更多的提升。正所谓"九层之台，起于垒土；千里之行，始于足下"，我在交大一步步地成长着。

我和我的学生工作

除了专业学习和竞赛，还有很多事情可以使我们的校园生活更加丰富多彩。身边同学或勤工俭学，或参加社团学生会；而我有幸被院团委选中，成为其一员。大一年轻而有热情，然而作为新人，我还很青涩懵懂。所幸，院团委的老师们和学长学姐们都给予了我很多工作上的经验传授和方法指导。令我印象深刻的是学长学姐们工作的细致：经手的文件资料，永远都能简洁严谨地排序命名，以清晰顺序分门别类；给我们萌新开会前他们的工作笔记整齐，能条理清晰地给我们布置任务；即使是我们任务完成不佳，也能耐心给我们一一指正；当然如果我们做得好，他们也从不吝惜地表扬我们。

院团委是我大学学生工作的起点。在那里，我努力工作，像种子一样努力吸收养分，然后发芽成长。工作上，学长学姐们的好方法我逐渐吸收，努力化为己用，在我自己也成为学姐的时候，我希望在学弟学妹们的眼中，我也是这样的人。

我在院团委磨炼了两年，收获了老师和同仁们的信任，还得到了许多锻炼机会。在此，我要感谢对我关怀颇深的老师们和学长学姐！

大二上学期，我有幸发展成为2016级学院的第一批中共预备党员，加入党支部——不仅实现了自己的人生理想，也认识了党组织一批优秀的同志。他们有的成绩优秀，有的工作突出，有的二者兼之，也有的在社团有独特的建树，总之党支部的每一位同志在我眼中都是闪闪发光的。2018年4月我院支部分拆，我们新成立的支部由于人数少经验不足，承受着较大的压力。身上拥有党员新身份的我，

中间为钟柠锴

责任心更强了，积极请教，尽可能快地吸收他们的工作经验用来建设新支部，服务身边的同学们。同志们热心地指点我，从他们身上我又学习到了许多，得以在支部快速成长。

除了加强政治学习武装头脑，我还积极关注优秀的共青团员和入党积极分子，努力让他们也能早日加入党组织，为我们支部党建添砖加瓦。

我还将自己在团支部做团日活动的经验融入到党建中，使支部活动多样化，一定程度加强了党员和党组织之间的紧密联系，团结了各位同志，这是我十分自豪的地方。

丰富多彩的校外生活

在交大，我立志成为开放包容、能够学以致用的交大人。大一时，花椒就给我上了一堂生动的"国际视野"课。大一暑假，我有幸被择优录取，参加为期三周的欧洲六国交流访问，我背上行囊，前往施耐德、宝马等欧洲顶尖企业学习交流，行万里路，开阔视野。

在法国施耐德电气总部，我有幸和执行总裁面对面交流。我请问他，作为世界顶尖的能源企业，施耐德不断突破自我，阔步前行的动力是什么？他的回答是："施耐德一直有一个目标，那就是用更少的能耗点亮更多山村，让更多人生活得更温暖更美好。"我想，施耐德之所以能保持竞争力，不仅在于它的科技创新一直在线，而且因为它有开放的视野，还有宏大的梦想和使命。

我深受施耐德愿景的影响，交流回国后，想在课余生活中做一些简单的志

巴黎凯旋门独照

愿者活动，尽自己的努力去帮助需要得到帮助的人。尽管并不是青年志愿者协会成员，但是每当有时间，我都积极报名，参加志愿者活动，帮助别人的同时也在时刻被别人感动。在星语儿童康复中心，我感叹孩子们可爱却不得不直面自己的缺陷，也为敬业的老师们感动；在SOS（国际摩尔斯电码救难信号）儿童村，我感受到母爱的力量；在为血友病患者筹款的过程中，我为大批来自五湖四海的志愿者感动……志愿者活动丰富了我的生活，也丰富了我的心。

"饮其流者怀其源，学其成时念吾校。"感谢在我大学生活中帮助我成长的每一位老师，每一位学长学姐；感谢每一位支持我的同学；感谢一直默默照顾我的室友们。是你们，成就了现在的我！也希望每一位阅读到这里的学弟学妹，每一位追梦的青年，都能梦想成真！加油！

个人答辩，请扫二维码

From Ordinary to Extraordinary
——从平凡到不凡

廖舒晖

廖舒晖，女，汉族，中共党员，华东交通大学外国语学院翻译（英语）专业2020届毕业生。

2019年华东交通大学"闪耀花椒"校长奖学金获得者。学习上勇争先，前三年成绩总排名专业第二，大四成绩专业第一，获校长奖学金，一等奖学金两次，三等奖学金一次。积极参与学科竞赛，获全国大学生英语竞赛国家三等奖两次，第八届全国口译大赛华中赛区三等奖，江西省第十一届创青春江西省铜奖，外研社杯写作比赛二等奖等奖项。曾任华东交通大学外语电台台长，校团委新媒体中心交大青年项目部副部长。两次参与三下乡社会实践，均获"三下乡先进个人"荣誉称号，现已保送至华中师范大学英语语言文学专业继续攻读硕士研究生。

谁的青春不迷茫

2016年9月，我带着沉甸甸的行李还有我对未来大学生活的期待来到了花椒。但在开学不久，我就陷入了深深的迷茫，曾经对大学生活的期待慢慢地变成了对新生活的手足无措。在高中，我是一名理科生，学习中充斥着方程式和各式各样的公式定理。而大学，我阴差阳错地成为了一名英专生，整天浸泡在英语的海洋中，那时候我消极地认为上课所学习的东西归纳到一起不过就是一张普通的英语试卷——听说读写译，我不清楚自己将来能够做什么、可以做什么，甚至一度想要转专业，而更沮丧的是曾经高中学习的知识，看起来毫无用处。

带着莫名其妙的骄傲，我大一第一次参加了英语演讲比赛，但没有想到在初赛我便被匆匆淘汰，而大一的最终成绩也只是专业四五名的样子，这些无疑给了我重重的一击，而这也让我开始重新思考大学的生活。

是的，大学与高中有极大不同，大学需要自己对未来有个大概的轮廓，需要有自己的想法。如果自己总是抱怨现在糟糕的情形，为什么不着手努力去改变呢？如果专业不如想象的，那先问问自己，自己做到了名列前茅吗，是否精通了这门学科呢？就拿听说读写译中的"译"来说吧，想要真正地成为一名好的译者，可不是机械地练习就能达到的，还需要对英语的文化历史有了解。并且，我也发现高中所学习的知识并非无用，它锻炼了我的思维方式，并且在翻译一些科技类的文本时，我高中的理科知识也帮助了我。

所以，后来回过头，我才发现自己曾经的想法有多幼稚。因此，改变能改变的，适应不能改变的。迷茫在大学伊始总是不可避免的，但换个角度想想，迷茫代表着你对未来的多元化思考，你知道自己有无限可能，只是暂时找不到合适的方法付诸实践。

刘同在《谁的青春不迷茫》里面有这样一段话："你觉得孤独就对了，那是让你认识自己的机会。你觉得不被理解就对了，那是让你认清朋友的机会。你觉得黑暗就对了，那是让你发现光芒的机会。你觉得无助就对了，那样你才能知道谁是你的贵人。你觉得迷茫就对了。谁的青春不迷茫。"

谁的青春不迷茫，那何不如，利用这段迷茫的时光好好思考，拨云见日。

榜样指引方向

我还记得大二上学期第一次看闪耀花椒的情景：学长学姐们站在舞台中央自信满满地讲述自己优秀的成绩，取得的荣誉，背后的默默付出与辛勤汗水……听到这些，舞台下的我热泪盈眶，感慨自己的平凡平庸且又羡慕学长学姐们的万丈光芒，我从未想过能够听到别人这么自信地讲述自己的优秀。尤其是当我们外国语学院的闫璐瑶和杨舒婷学姐自信而优雅地站在舞台上展现外院风采时，我再一次地被她们过硬的专业素养与深深的情怀所打动，而她们的经历也为我拨开了迷雾，我慢慢地找到了自己前进的方向。

除了外院学姐的榜样，我身边的人也给了我莫大的前进力量。

我的男朋友是15级花椒电气学子，而他为了追逐星辰大海的梦想，现在在中科院攻读天文学硕士。都说好的爱情是两个人相互进步，相互成长。所以当我麻木懈怠时，当我受挫灰心失意时，当我惰于学习时，他总是不断地鞭策鼓励我，为我注入一剂强心剂，让我勇敢地面对未来。而当他在考研时遇到英语学习以及生活中的苦恼时，我也积极助他走出迷雾。刚刚步入大学，每个人或多或少都会怀着对恋爱的向往，或许期待着遇到一个心仪的同级同学一起相伴成长；或许憧憬着能够与风云的大神级学长学姐撞个满怀，开启偶像剧般的恋爱；或许还在某个辗转反侧的夜晚惴惴不安地怀揣着对某个人的牵挂……同声相应，同气相求，你所遇到的人主要取决于你是怎么样的人。在遇见爱之前，不妨努力提升自己，多去图书馆饱读诗书，多去操场进行锻炼，多多在比赛中磨炼自己……而总有一天，你会发现，前进的路不再孤单，总有人会跑上前来，对你说一句：原来你也在这里。而后，你们一起携手并进，奋力奔跑，相互督促，相互激励，共同奔向彼此的目标，然后在人生的高地上相遇。

踏出舒适圈，拔节生长

其实，ordinary（平凡）和extraordinary（不凡）之间差的只是extra（额外的）一点努力。而在榜样力量下，我也开始朝着自己所向往的不凡去努力。

于是，我慢慢踏出舒适圈，去尝试自己所不敢尝试的，努力去摄取新领域的知识，于是我参加了创青春比赛并获江西省铜奖，一次性通过了计算机二级以及计算机三级网络技术，而这些别的领域的知识反而也助推了我本专业的学习。

创青春比赛是我第一个参加的一个大赛，而团队的每次开会都伴随着激烈的讨论与头脑风暴。在一开始，因为专业领域知识的缺乏，我在团队中显得有些手足无措。意识到自己专业上的不足，我便努力去弥补，上网查资料看视频，虚心向团队中的学长学姐们请教……慢慢地，我开始独立处理一些表格数据，帮忙撰写文档，收集材料，甚至尝试作为项目主讲人上台，在这样的比赛中，我与团队迅速成长，领悟到了精益求精不断钻研的精髓。

当然本专业的学习我也没有落下，外研社写作比赛二等奖，全国大学生英语竞赛国家三等奖，全国口译比赛华中赛区三等奖……这些奖项见证着我的成长。但在准备比赛时并非一帆风顺，我不断面临着自我否定与自我信心重建。大三下学期，在准备全国口译大赛时，我不时碰到听到的东西记不住，听到的不理解，甚至听完后翻译时看不懂自己笔记的情况，也对自己产生了深深的怀疑。但我始终坚信方法总比困难多。于是我便在保证日常课程学习之余，每天抽出两个小时左右时间来训练口译，备战比赛。图书馆五楼空荡荡仅我一人的自习室和自习室最后两排的灯是我那段时间每天固定的伙伴，独处的学习时光让我的能力飞速增长。

习近平主席曾经说过："每个优秀的人都有一段沉默的时光。那段时光是付出了很多努力，却得不到结果的日子，我们把它叫作扎根。"成长的路上，或许会有像种子一样被埋在厚厚泥土中看不到光亮的日子，但只要不断学习吸取养分，不断向上，总能离光亮近一步再近一步。向下扎根，向上成长，去尝试，去试错，去探索自己更多的可能性。

饮水当思源

85年前，中央红军从赣南苏区踏上了漫漫长征路，而2019年5月习主席又回到赣南苏区进行考察。习主席便屡次提到：饮水思源，中部地区大有可为。一个人不能忘记自己从何而来。因此，作为一名赣南苏区走出来的学子，我希望响应习主席的号召，投身到建设家乡的洪流中，提高家乡的英语教学水平，振兴苏区教育。因此，在保研时，我选择了华中师范大学继续读研。而在闪耀花椒校长奖学金冠亚季军争夺赛中，评委的一席话也让我认识到，赣南苏区真正缺少的是"高精尖"人才，所以，我希望自己真正学有所成，磨砺一番之后为家乡的教育事业奉献出自己的力量。我希望通过我的努力，让更多孩子像我一样走到更大的舞台上，from ordinary to extraordinary。

当然，大学四年一路走来，我遇到许许多多帮助过我的人。我深知单靠自己的力量而没有他们的帮助，我是无法成为现在的我。感谢外院优秀的榜样给予我前进的力量；感谢外院老师们在我遇到问题时春风化雨般的解答，在比赛时悉心耐心的指导；更要感谢华东交大所提供的展示自我的平台。

两年前，我只是一个在闪耀花椒舞台下普普通通的观众，为学长学姐们的每一次高光时刻而喝彩。两年后，没想到我也拥有了站在这个舞台的机会。大学四年，有过迷茫，但我很幸运遇到了一个又一个榜样，指引我前进的方向。回首大学四年，我同样满怀感恩，感谢学校、学院、老师以及一切帮助过我的人，在花椒，我完成了我的蜕变，from ordinary to extraordinary，从平凡到不凡。而作为花椒外语人的我，也希望自己能够成为一点点亮光，将这份感动继续传递下去。

或许蜕变之路布满荆棘，并非坦途，但要坚信，翻过那一座座困难的大山，总有人在等待着聆听你的故事。

个人答辩，请扫二维码

你当像鸟飞往你的山

刘　群

刘群，女，汉族，中共党员，华东交通大学国际学院ACCA（特许公认会计师公会）专业2020届毕业生。

2019年华东交通大学"闪耀花椒"校长奖学金获得者。曾任国际学院第十二任学生会主席、国际学院2016级ACCA专业2班班长、校世纪英才学员、ACCA大使等。三年来均学分绩排名专业第一，曾获国家奖学金、特等奖学金、ACCA全球优秀学员奖学金等荣誉。获全国大学生英语竞赛特等奖（2次）、一等奖（1次）、2018年第十九届全国大学生英语演讲竞赛二等奖、2019年江西省学校共青团"微团课"大赛二等奖、江西省"赣江杯"大学生英语口语竞赛特等奖（2次）、华东交通大学"泰豪之星·十佳大学生"荣誉称号、"优秀共产党员"荣誉称号、校优秀学生干部、校三好学生等50余项荣誉，现已保送至本校继续攻读硕士研究生学位。

大学四年的每一次回眸与出发，于我而言都昭示着全新的开始。

"第一件事，要不就竞选班长吧！"

这是我入校后对大学生涯的第一份展望，对一个在高中时还带着些许腼腆与怯懦的女孩来说，这的确是个不太容易的决定。尽管我害怕丢掉安全感，但更怕被困在安全区里。在江西师大附中就读的三年高中时光里，我曾见证过无数次卓越的闪光，我隐隐觉得，或许在华东交通大学的校园里、在这稍纵即逝的四年时光里，我可以拥有无限种卓越的人生可能，而主动权就紧紧掌握在我的手中。就这样，敢想敢做的我和愿意给我舞台的"花椒"一拍即合。

"既然是班长，就要成为同学们的榜样"

这是父母对我的训诫，也是我对自己所施加的压力。平常就是个"脸盲"的我，用最快速度把全班同学的脸和名字对上号，背诵花名册，是对身边同学们的"用心"；以前上课都会犯困打瞌睡的我，如今却成了课堂前排专心听讲的

"钉子户"，是调动专业学习氛围的"决心"；对周遭一切感到躁动新奇的我，可以一天在图书馆"扎根"十余个小时，是对追求卓越的"静心"。2017年11月23日，恰巧整个学院只有我们专业没有课程安排，我就这么稀里糊涂地出现在了2017年"闪耀花椒"校长奖学金公开答辩赛的观众席。那是一个让人无法遗忘的日子，看着舞台上熠熠生辉的20位优秀榜样，聆听他们荡气回肠的奋斗故事，我眼里的光亮被点燃了，我迫切地希望有一天可以成为万晓琴学姐、吴怡学姐那样优秀的人。我无法描述"成为榜样"这个小目标在我心里沉寂了多久，但是在交大，在这样一片弯下腰就能闻到清润芳香的奋斗土壤里，所有的汗水都拥有了肆意流淌的理由，每个人都可以大有所为。那一天，信仰在我内心的荒岛里开出了花。

"请大家多多指教！"

在国际学院学生会文艺部第一次例会上，我用这句话作为自我介绍的结尾。落座后，我一下子就松弛下来，开始端详起身边的新伙伴。原来部长们私底下并不像面试时那么严肃，笑起来后琥珀色的瞳孔里透出清澈干净的光，非常平易近人。这时，身边有人用手肘轻轻撞我，他递来一罐我最爱的可口可乐，原来是文艺部的同期干事。我非常喜欢这里，喜欢我们一起举办的引人注目的国际文化交流节，赏心悦目的洋花椒音乐会，永不落幕的毕业生晚会等等。这个从盛夏开始撰写的故事，持续了三年，我对国际学院学生会的爱意从文艺部萌芽，又因它的磨难与荣光一年比一年更加爱它。

"最后，我想说——大家辛苦了！"

在几度哽咽中，我用这句话结束了作为国际学院第十二任学生会主席的工作述职。此时在脑中浮现的影像，竟不是举办过的那些场面浩大的盛会，而是大家为同学维权路上不遗余力地呐喊与奔走，是他们凌晨五点为环卫工人送去的爱心

早餐，是她们活动中愈加规范的礼仪站姿，是老师们在每一场活动结束之后陪我们坚守到最后的身影。我感知到的，不是那些冷冰冰的文件表格，而是一颗颗滚烫的心。作为一名学生干部，你需要去了解，同学们到底需要什么？他们关心什么？而你又可以发挥什么样的作用？这其中你必须去思考，以及可以去思考的问题实在是太多了。我很感谢这段经历，可以说，这三年见证着我从一个"只知道单纯地热爱这个组织"的小干事，到"遇事可以独当一面，肩负责任与担当"的学生会主席，能力得到了全方位的提升。

"这看上去也没有很难吧"

这是我初次摊开全国大学生英语竞赛初赛考卷后的内心独白。大一，我第一次报名大英赛的时候，其实并没有引起足够的重视，权当是一时兴起的课后消遣。成功入围省赛后，我的大学英语老师秦黎一直督促着我去完成习题训练，以及要求我提前做好演讲板块的素材储备。虽然嘴上应着"我一定会做的！"，但

脑子和身体却机械性地选择
啃高中的老本。简单翻阅了
一下自己"一清二白"的备
考书籍，我就这样坦荡荡地
上了考场，结果自然也是不
尽如人意。可以说，正是由
于我在备考期间对英语学习
的轻视，才导致这次与国赛
失之交臂。但实际上，英语

一直以来都是我的兴趣所在，甚至当初高考填报ACCA专业也有一部分原因是它的
英文教学背景。这件事情让我明白，如果丢掉了对知识的敬畏，就是对努力的最
大亵渎。

"这看上去也没有很难吧"

时隔一年，再说这话不是因为我毫无长进，也不是因为考卷的难度变低，
而是因为做题的人怀揣着对知识的敬畏，变得更加强大。并不是英语专业出身的
我，每天早晨坚持六点起床，针对40个演讲话题准备演讲稿，每个四分钟的内容
我练习了不下百遍。最终我一路从校赛杀进省赛，再到国赛，代表母校对战全国
各高校选手，从447名参赛选手中脱颖而出，最后一举夺得全省本科生最高分。另
外在比赛期间，还有一件让我印象深刻的小事。上台前，在全国大学生英语演讲
比赛总决赛候场的后台，无序战栗的心跳几乎搅乱了我的全部思绪，可是在接通
我的恩师秦黎老师的电话之后，她的鼓励给予了我在那当下所需要的一切力量，
所有的紧张与不安烟消云散，帮助我在赛场上取得了良好的发挥。我相信，与老
师建立起的深厚情谊是学生终生的财富，请尊敬他们，敬畏他们，还有，不要忘
记感谢他们。

"为什么不试一试？"

大三下结束的那个暑假，我快乐得不知所以然。留校参加完"天佑先锋班"12天的魔鬼特训之后，紧接着我又和2019年度校"泰豪之星·十佳大学生"的其他九位获得者们开启了为期12天的泰国、马来西亚游学之旅。与优秀同行的这24天带给我的体验是独一无二的，崭新的学习方式、精彩纷呈的大千世界，都在刷新着我的认知。同时，前辈的标杆，同辈的努力，后辈的追赶又无一不在激励着我向前再向前，在这悠长的假日中情绪难免焦虑了起来。关键时刻，学长学姐们拉了我一把。"为什么不试一试？"学长发出这条消息之后，聊天框里又紧接着弹出他分享的各大保研资讯公众号信息，"试一试保研这条路如何？如果决定好了就去做，我相信你可以！"就这样，在所有高校的夏令营这一首要招生渠道基本关闭之后，我才下定决心要走推免研究生这一条路，搭上了保研的末班车。我怕做没把握的事情，但我更怕，这就到头了。在后来的很多个时刻，我也不禁恍然，如果早在放假前，甚至是更早就对自己的未来进行细致的规划，我是不是就不会陷入如此被动的境地？

"走过千山万水，发现家乡最美"

这是2020年"才聚江西 智荟赣鄱"青年人才恳谈会上一位赣籍嘉宾说的话。对于现在的我而言，读来别有一番风味。推免申请期间，我陆续收到了湖南大学、上海大学、东华大学、广东外语外贸大学向我抛来的橄榄枝，最后，我还是决定保研本校。倒不能确切地分辨出到底是哪一句话、哪一个人或是哪一件事影响了我的最终选择。只能说这四年来，辅导员深夜伏案的忘我态度影响着我，时常和好友在北区田径场绕圈运动的时光帮助我沉下心来，对花椒的依恋早就已经深藏在时间的线索里，让我打心底里把这里当成我的家，我的家乡。在透彻地了解自己之后，我拥有了做抉择的这份勇气。

我在"闪耀花椒"校长奖学金公开答辩赛的舞台上娓娓道来的那一份自信，是时光馈赠的礼物。经历过这场比赛之后，不论是在"荣耀花椒"颁奖晚会上担任主持人，还是作为主讲人代表学校参加江西省学校共青团"微团课"大赛，我都因为母校的信任而变得更加从容，以另一种形式继续绽放着……

借着《"天佑"传人——校长奖学金获得者的成长密码》征稿的机会，我又细致地回顾了自己在花椒的点滴收获，非常感谢在每个当口都不服输、不言败的自己！希望学弟学妹们能够通过我的成长经历吸取教训、汲取力量，在心底播撒一颗追求卓越的种子，为热爱坚守，为梦想追光！

个人答辩，请扫二维码

数日伴寒窗，学海泛舟任徜徉

任琦璇

任琦璇，女，汉族，中共党员，华东交通大学交通运输与物流学院交通运输专业2020届毕业生。2019年华东交通大学"闪耀花椒"校长奖学金获得者。曾任校党委宣传部新闻中心记者、交通运输与物流学院学生会主席等。

入校以来，始终坚守学生本分，时刻以高标准、严要求约束自我，努力使自己成为德智体诸方面全面发展的复合型人才以适应21世纪的时代要求。学习成绩优异，积极投身"双创"，工作勤勤恳恳，热心志愿服务，在学习、科创和工作等各方面都取得了突出的成绩。专业成绩位列第一，获国家奖学金、詹天佑奖学金、校长奖学金及校特等奖学金，获"互联网+交通运输"创新创业大赛之金溢杯·中国大学交通运输创客大赛二等奖、校大学生物理创新竞赛一等奖等，多次获校级"三好学生""优秀共产党员""优秀学生干部"等荣誉称号，现已保送至北京交通大学继续攻读硕士研究生学位。

"越努力越幸运"，做脚踏实地的"95后"

初入交大，我幸运地被选为新生代表，在开学典礼上代表全体新生发言。我引用了三首歌来告白"花椒"，其中一首就是《小幸运》，与"花椒"的相遇是幸运的，我是一名与交大同天生日的女孩，我的18岁生日遇上了45周年校庆，更幸运的是，入校后我通过选拔成为了运输学院第一届詹天佑班的成员，遇到了一群共同进步的朋友们，遇到了我们的辅导员万明老师。在我的整个大学生涯中，我一直以"越努力，越幸运"勉励自我，我相信人不会一直拥有好运气，但努力的人总是幸运的，脚踏实地会使我能够牢牢把握更多机遇。

作为一名学子，我深知学习是第一要务，然而在由高中向大学阶段的过渡中，开始时我总会因为大学课余时间里纷繁的活动而耽搁了课程的学习，在学长学姐的帮助下，我慢慢找到了适合自身的学习方式，让我能够在成绩保持专业第一的情况下，尽可能多地参与学生工作、双创活动、社会实践等。我将自己的学习方法概括为"勤动笔，多刷题，常温习"，虽然我不是最聪明的，但我乐于通过付出比其他人更多的努力来巩固知识。我总坐在教室的前排使自己保持专注，由于理解能力的薄弱，我在课堂上将笔记做得十分详细，之后对照课件反复理解并温习课堂内容。同时，课余时间里，我常与学习伙伴一同前往自习室学习，我们既是暗暗较劲的对手，更是互相答疑解惑的战友，我们互相督促，使我不敢有所懈怠，互相帮助，共同突破难关。三年多以来，我始终认为自己这个"笨鸟"要先飞、多飞，因此我总会将笔记与总结做到极致，反复整理例题和错题的解题思路，踏实的付出使我在大四时达到了4.25的平均学分绩点，使我的目标从考试及格变为取得满分，使我始终保持对于学习的重视。

"鸟欲高飞先振翅，人求上进先读书。"在打牢专业基础知识之余，我利用课余时间广泛阅读书籍，拓宽视野，同时产生了对于"双创"的浓厚兴趣，在导师的鼓励与帮助下，我与伙伴们决定尝试参与到"双创"活动中，感受创新的魅力。万事开头难，初次备赛过程中，我们感到一头雾水，找不到创新点、不会写项目说明书等种种问题一度使我们想要放弃，但在老师与前辈的指导下，我们在学习诸多项目作品的过程中找到了信心与方法。我们全天连轴转，竭尽所能地把各自的分工做到极致，尽管最终我们初次完成的项目在比赛中仅获得优胜奖，但对于创新创业比赛的初次尝试让我们深切感受到创新的艰辛与不易，更体会到在其中的付出对于自身能力的历练与经验的积累有多么重要。感受到巨大的压力与挑战的同时，更多的是动力与成就感。带着向上的动力，后来我加入了我校逗创科技团队，在团队的较强向心力与良好学术科创氛围下我不断进步，每天在教室与实验室间来回奔波，之后我成为了团队的负责人之一，带领团队积极参与各类学术科创竞赛，获得2018年中国（小谷围）"互联网+交通运输"创新创业大赛之金溢杯·中国大学交通运输创客大赛二等奖等十余项奖项，主持2019年国家级大学生创新创业训练计划项目。

引领向上向学，做正能量传递主力军

青春不设限，我不满足于仅仅完成学业，我想看到自己的更多可能，父亲曾鼓励我不要害怕犯错，要在大学的青春时光里勇敢尝试更多喜爱的事情。于是，我积极参与感兴趣的学生工作，最开始时，我选择成为一名学生记者，学习撰写新闻稿、运营公众号、摄影等多项基础技能，利用网站、报纸、新媒体等平台宣传当代大学生的所思所感所为。我曾在华东交通大学日新网新媒体运营中心担任编辑，后成为中国青年网华东交通大学校园通讯站编辑、校党委宣传部新闻中心记者，个人撰写稿件多次在央广网、中国青年网、江西日报、江西教育网、江西手机报等媒体发表。

在完成一次次活动的报道、一个个榜样的专访中，我深刻体会到了新闻人的责任与力量，也寻找到了向上的动力。我想，我不只要做校园文化的记录者，更要像榜样看齐，做参与者和引领者，于是我选择了竞聘运输学院学生会主席并成功当选。任职期间，我与运输学干们始终以把运输学生会建设为"学生之家、师生之桥、干部之校"为目标，为争做花椒好标杆而共同奋斗。这个目标的确立深受学长学姐们的影响，他们用一点一滴的行动去诠释学生干部的使命与坚守，开拓了充满活力的新局面，用勤勤恳恳的态度为我们树立了榜样，带领着我在这条路上越走越远。尽管使我放弃了很多休闲娱乐的时间，耗费许多的精力，在数个周末奔波，在多个夜晚加班，但我仍然觉得十分值得，我能在其中不断收获与成长，更能通过这些付出看到自己的价值。记得一位学长说过，他对自身学生干部经历的总结是"始于热爱，陷于责任，忠于成长"，于我而言，更是感同身受。作为学生干部的经历是难忘的，我以前从没有想过自己也能影响他人，只是兴趣使然，直到获得了更多老师与同学的肯定，直到有更多的学弟学妹告诉我，会以我为榜样不断努力，直到发现父母偷偷地在为我的每一点成就而骄傲，同时鞭策自己也不断进步，我忽然找到了我努力的意义，我很庆幸在最好的年纪做了让自己无悔的事，我追逐榜样，终有一日竟也能成为别人的榜样。我很感激能够成为记者团的一员，成为学生会的一员，学生干部的经历使我更加明白责任与担当，使我步履不停地奋斗，为自己和集体添彩。

传递天佑薪火，做饮水思源的卓越学子

我熟知詹天佑是从小学那篇全文背诵的课文开始的，那时的我不曾想到我会与铁路结下如此深厚的不解之缘。高考后报志愿时，在父母的建议下我坚定地选择了交通运输专业，大学四年里，在詹天佑班中，我逐渐产生了对于专业的热爱，逐渐明白了一名天佑人的使命，同时也对我的班级产生了浓厚的感情。

班级初建时，我们大家总为了詹天佑班成员这一头衔而感到压力倍增，他人的期待一度成为我们心里沉重的负担，而回顾大学这一路走来的风风雨雨，我们始终奋勇向前，团结一致。我们来自五湖四海，有着不同的经历与性格，但因为詹天佑班汇聚在一起。我们曾为了班级登台合唱而排练数个小时，为了获得好成绩而在期末共同"泡"自习室、互相答疑解惑，为了真正发挥榜样作用而举办"雷锋月"等各式各样的活动，我们曾在列车咖啡厅中上最接地气的思政课，曾在轨道旁畅聊奋斗的青春，在汪山土库共话高铁时代，许多珍贵的回忆都在我脑海里挥之不去。在一个团结向前的集体中的成长是最快的，但集体的协作是困难的。在这段回忆中，我们也累过，埋怨过，因为意见不同而激烈争吵过，但心是齐的，为班级争光、做运输人才的目标是一致的，因此我们每个人都是不断进步的。直到今日，我们詹天佑班已经荣获了"全国五四红旗团支部""詹天佑科学技术基金会优秀班集体"、华东交通大学2016年度"五四红旗团支部"及"先进

班集体"等诸多荣誉称号。

詹天佑班在我心里烙下了永远的印记，我很荣幸成为詹天佑班的一员。在这个大家庭里，我不仅获得了思想的进步和全方位的成长，找到了不息的温暖与不竭的动力，更收获了很多宝贵的情谊。"成功可以是一个人越过终点，也可以是带着更多人跑过终点"，我想我也应该为集体做出贡献。这种付出不是对自己时间的浪费，而是为集体所做出的回馈，只有我们每一个人在集体中做一颗萤火，才能够照亮一整片森林。在班级中，我带头组织开展詹天佑班各项活动，积极配合老师与班委工作，为班级建设做出力所能及的贡献，同学们也将这些看在眼里，一直以来对我表示支持与鼓励，这份支持是珍贵的，它使我不敢放弃自我，不敢停下前进的脚步。

回顾大学四年，我从入校时的"小幸运"女孩不断蜕变，用勤奋地耕耘，等待结果的收获，用自身的拼劲干劲去证明我的无限可能，获得了许多肯定，这一切都离不开一路上老师与朋友们对我的鼓励与支持。未来，我也选择了继续高铁方向的研究，我将始终保持着那份"拼命任"的品质，坚守着天佑人的初心，铭记着花椒人的身份，为实现交通强国的梦想而努力奋斗！

个人答辩，请扫二维码

詹天佑

风雨兼程的自强路

天佑传人——校长奖学金获得者的成长密码

越努力，越幸运

崔　臻

崔臻，女，汉族，中共党员，华东交通大学电气与自动化工程学院电气工程专业2018届毕业生。

2017年华东交通大学"闪耀花椒"校长奖学金获得者。曾任电气学院党员管理中心主任，电气学院学生第三党支部副书记，2014级电气卓越班副班长，电气学院排球队副队长，2016级电气9班、10班带班党员等。学习成绩优异，连续四年均学分绩、综测成绩位居专业第一，获2018年度"曹建猷学生奖"（同济、中南、西南交大、北京交大等8所高校本硕博共计11人）、2017年度"校长奖学金"、国家奖学金（2次）、校特等奖学金（4次）、2015年度国家励志奖学金等奖学金；热心助人，热衷公益，连续三年荣获校"三好学生"、连续两年荣获校"优秀共青团员"及"社会工作奖"等荣誉称号，现已被保送至西南交通大学继续攻读硕士研究生学位。

学而无涯，在于实

"幸运"与"努力"的确是如影随形的，正如著名小说家卡夫卡所说的那样："努力想要得到什么东西，其实只要沉着镇静、实事求是，就可以轻易地、神不知鬼不觉地达到目的。"脚踏实地，越努力，越幸运也是我一直以来的信条。

初入大学，对我们而言都是一种全新的生活，大家都会感到迷茫，看似忙碌但却是无所事事。也有人和我说，不知道没有晚自习的夜晚该如何度过；不知道不补课的周末该用来做什么；更不知道没有家长和老师给的目标，我们应该去追求什么？当然，在这个时候，"游戏""挂科""逃课""四六级""点名""学渣""学霸"等词语开始充斥着我们的生活，耳边也会回荡着各种"紧箍咒"："大学不努力，你连毕业证都拿不到！""起跑线不能决定你的人生，但努力会！"……在这个时候大家都会迷茫，不知道该如何更好地度过自己的大学生活，也不知道自己的目标是什么。那么，大学到底该怎么过，其实我想说，不能明确地说我们应该如何去选择，而是做好现在的事，做好一个学生应该做的事。

学生的本职工作就是学习，学习文化知识，学习专业技能，学习适应社会的本领。学习，本身就来不得半点虚假，学习，本身也没有什么捷径。夯实基础，脚踏实地，一步一个脚印。不是天才便要靠勤奋，自习室，我一直最早来、最晚归，为了学懂、学会、学透，每门课程都有课堂笔记，课堂听不懂的回去再慢慢琢磨，知识一点一点地啃，书一遍又一遍地看。为提高效率，做到"今日事，今日毕"，我制订每日计划，每完成一项，就划去一项，做不完的时候，挑灯夜战，会让我有些许安慰。记事本里密密麻麻，记录的都是大学生活的点点滴滴。"一分耕耘一分收获"，大学四年，在三百多人的专业中，我的均学分绩、综测成绩始终位列专业第一，均学分绩均在90分以上，从91.81分到92.08分到93.64分再到92.19分，一点一滴不断追求进步。

在大学生活中，我也曾感到迷茫，我也是一名普通人，我也有惰性，我也爱疯、爱玩、爱闹腾，但是，请一定要记住，在对的时间做对的事情。该玩就玩，玩就要放心大胆地玩，学就踏踏实实地学，做事就认认真真做，心无旁骛，沉心静气才能学到知识。当你清晨奋战在图书馆、加班到深夜时，当你努力背单词过四六级时，当你参加各类学科竞赛科创大赛时，忙碌的生活会让你感觉到很疲惫，但是充实的感觉也会随之而来。

对待任何一件事情，态度是非常重要的，不做则已，要做就尽自己的努力做到最好。把自己的学习搞好，把自己的工作做好，把每一份责任担起来。认真对待事情是有回报的，这些回报你在当初付出时想不到的，到后来便会一点一点显现。学好自己的专业知识，有专业课做基础，你自然对本专业有成就感，继而产生兴趣，脚踏实地，一步一步走向前沿。

业精于勤，在于行

道阻且长，行则将至。在大学生活中要敢于尝试，那些所谓优秀的人，不过是因为他们愿意琢磨，愿意经历，愿意主动，愿意承担。欲望是需要酝酿的，努力是需要坚持的，方法是需要模仿的，成就感是需要培养的，这些不可或缺的要素，在一开始，都是随机出现的。

在大学时，我担任电气学院党员教育管理中心主任，主要协助院党委做好预备党员的发展和转正工作、学院分党校党课培训工作，组织学院全体学生党员活动、深入推进校两学一做品牌活动——"五微"。每周从材料的收集、筛选、修改、润色再到推送，一一把关。一年中，累计微信"五微"推送70余篇，阅读量达23000余次。作为学生党支部副书记，负责支部组织宣传教育工作，组织支部党员政治理论学习，对入党积极分子和预备党员进行考察，提出党员发展意见。作为班级副班长，积极组织班级活动，营造良好班风学风。所在班级多次获得"校优秀班集体""校活力团支部""校五四红旗团支部""院活跃团支部"等荣誉称号。在担任2016级电气九班和十班带班党员时，深入了解班级情况，认真做好辅导员老师的助手，充分融合学生身份优势和党员带班优势，对大学生进行入党启蒙教育，开展分享会，组织班级出题、监考、改卷、讲题，一一完成。此外，针对学院补考清考学生，每学期进行学习帮扶，累计帮扶51科次，考试通过率达90%。积极参加地铁志愿者、校园清洁、迎新生、公益创新大赛等各类志愿服务活动，多次下社区看望孤寡老人，带领留守儿童参观江西科技馆等，累计志愿服务时长达300小时以上。

学生工作让我不断成长，而我也感受着生活的忙碌与充实。一次次的历练与改变，也让我学会沟通与合作、学会用认真的态度与责任心做事、学会统筹规划时间等等。在学习与工作的平衡上，提高效率，学会统筹规划时间非常重要，毕竟人的精力有限，事情也分轻重缓急。有明确的目标，然后根据目标做计划，这个目标可大可小，可多可少，根据自己的个人情况来定，可以是一天的工作量，也可以是一周、一个月、一学期，常说计划赶不上变化，所以做计划时要多留有空白时间。有了计划便要付诸行动，否则，一切计划都是空谈，一切目标都是空想。最烂的借口就是等到明天再说，最佳时间就是从现在开始。

苦而无惧，在于奋

潜心奋进，逐梦前行。做一个敢于拼搏的花椒人，为成为更加优秀的自己而奋斗。人生实苦，但请你足够相信，相信天将降大任于斯人也，必先苦其心志，劳其筋骨，饿其体肤，所以不要气馁。暑假，在高温厂房，每天站立十二个小时，挑拣八百多盆黄桃，我坚持了两个暑假；在寒风凛冽的冬日，我站在街头路口，发传单、做促销；平时的学习之余，我做家教，每周两次，来回两个小时的公交。种种付出让我可以很骄傲地说：大学4年，我没有用过家里一分钱！

"无冥冥之志者，无昭昭之明；无惛惛之事者，无赫赫之功"，每一次每一分钟甚至每一秒的全力以赴，全身心投入执着的坚持，都是达成目标的敲门砖，因为所有的成就背后，都是熬过了常人难以坚持的辛苦。所有优秀的背后，都是苦行僧般的自律：有明确的目标，并肯为之付出常人难以想象的努力，从来不贪恋舒适区的温暖，总是逼着自己去拓展更广阔的天地。要知道，所有有追求的人生必定不是轻松的。大学是一所充满机遇和挑战的殿堂，有时候不狠心逼自己一把，你或许永远不会知道，自己原来也可以坚持下去。

能成为一名花椒人，是我一生中最幸运的事情！每一个努力的人，都将被世界温柔以待。《牧羊少年奇幻之旅》中有一句话："当你全心全意梦想着什么的时候，整个宇宙都会协同起来。"越努力，越幸运，相信人生不会亏待你，你吃的苦，你受的累，你碰的壁，你忍的痛，你掉进的坑，你走错的路，都会成就你，成就独一无二成熟的你！

所有的跋涉，都是为了抵达，当你看到这里的时候，请放下你的浮躁，放下你的懒惰，放下你的三分钟热度，静下心来好好做事，在踏踏实实努力的同时，那些你感觉从来不会看到的景色，你所希望的一切，正一步一步向你走来。

个人答辩，请扫二维码

不断尝试中寻找前进的方向

张世奇

> **张世奇**，男，汉族，中共党员，华东交通大学信息工程学院计算机科学与技术专业2018届毕业生。
>
> 2017年首届华东交通大学"闪耀花椒"校长奖学金提名奖获得者。曾任信息工程学院2016级计算机2班带班党员、2016级计算机专业助理导师。曾获国家奖学金，国家励志奖学金，校长奖学金提名专项奖学金，校特等奖学金、二等奖学金、三等奖学金。推荐免试攻读硕士研究生至上海东华大学。
>
> 目前为东华大学计算机硕士研究生二年级，知识图谱与推荐系统研究方向。同时是青少年信息学奥赛NOIP讲师，和君商学院第12届上海班学员，宿迁琦远网络科技有限公司监事。

记得在做带班党员的时候，学弟学妹们咨询的最多的问题便是关于迷茫的问题，毕业已近两年，我也希望把自己的大学经历能够和大家分享一下，希望大家能够珍惜大学的美好，有一个精彩的丰富的充满回忆的大学时光。

一直喜欢一句话："高考不是如愿以偿，而是阴差阳错。命运跟你开了一个玩笑，让你走进一个预期之外的大学，遇见了另外一群人。而他们同样陪伴你走完最后的青春。"进入花椒之前，我很遗憾；可进入花椒之后，我很幸运；现在离开花椒后，我却很自豪。

高考跟你开的玩笑

作为本硕计算机科班学生的我，很难想象在填志愿之前连复制粘贴快捷键都不会，计算机接触频率也就停留在高二小高考之前的每周一节的信息课。高考志愿填报意外地落入计算机科学的专业志愿，当然第一学校志愿仍是华东交大，这个没有滑档我很欣慰，我确实也喜欢这个校名。我觉得我是个干一行爱上一行的人，但前提是我得知道我不反感这一行。得知自己被计算机专业录取后，开始疯狂地查资料，搜索计算机专业培养方案、发展前景、就业方向等，然后开始自学C语言，从新华书店买了一本参考书，对着书敲代码。在后来大一报道前，那本书基本都被我翻破了。所以大一的时候，能够侥幸通过选拔进入ACM（国际计算机学会）校队，并且可以为本专业同学讲课，这也为我后面的专业学习打下了一定的基础。

之前听过很多同学说"我是被华东交大这个校名骗来的"，我也相信他们填报志愿的时候绝对没有那么马虎，也绝对是知道华东交大在哪里的。既来之，则安之，过去已属于昨天，未来的大学四年还需要等你去填满每一天。待到又是一年栀子花开，我相信你们肯定不会再说出"我是被华东交大这个校名骗来的"。

迷茫中的不断尝试

相信很多人在进入大学报道的第一天都会收到学生会、社团、实验室、科创团队等的宣传单，然后就在犹豫：是参加学生会呢，还是加入社团呢？还是……我也被同样的问题所困扰，然后又担心报名了也不一定被录取。很多时候就是这样，大部分时间我们都是在无用的、多余地担心，你不去尝试做，就会错过，更不知道是否适合你。大一上学期，在参与ACM校队的同时，我大概报了五个感兴趣的社团，还有院学生会。太贪心的结果就是忙不过来，基本天天都在跑活动，以至于占用到了学习的时间。结合实际情况，再三权衡下，只保留了ACM，一个社团，一个学生会。即使这样，每天仍然很忙，社团需要办活动，学生会需要办活动，还要完成课程作业。大一学业上最为费时间的莫过于高等数学了，为了能够平衡时间，我会将高数提前预习完。

就这样，大一在紧凑的快节奏中度过，在经历过这些之后，我发现自己更适合在专业方向上去发展，对计算机也更感兴趣一些。于是在大二退掉了社团与学生会的职务，开始更多地专心于专业知识的学习。从大二之后，加入通信电子创新基地，开始偏向参与科创竞赛，做过一些小项目：校园论坛、基于物联网的绿色农产品定制系统、人力资源管理系统等等，还有一些没有来得及实施的想法，比如立体停车，这在当时还是比较新的概念。在竞赛实践中发现，计算机技术可以解决很多实际问题，并且可以为生活带来诸多方便。大学基本是项目中用到什么样的技术就去现学然后现用，仅仅停留在会用的水平。然而计算机专业涉及的方向甚广，游戏、服务器、网络、Web（万维网）、移动端、机器学习、数据分析等等，在专业水平上还没达到一定的精度，技术在快速地更新迭代，而且在还没有形成具体的创业idea之前，有必要在专业深度上更进一步，所以选择了继续读研。

通常来说，本科阶段是通识教育，所以选择很多；而研究生阶段是专才教育，方向更为明确。所以趁着这美好的大学四年，那就应该多去尝试，"做"永远比"想"要来得实际点，不论以后选择如何，至少可以确定曾经为之努力过，为之尝试过，这也是一种经历。当我一路走来，我也一路在尝试，到底什么才是你最终要的方向，这个我想每个人的境遇与经历不同，选择便会不同。有时候当你不清楚自己想要做什么的时候，就努努力把当前的事情做好，那就是对当前的自己最好的交代。

在工作中坚定成长

性格一直害羞、胆小的我，是一次次在为同学们、为社区的服务中磨炼成长的。在大学之前，一直不爱说话，更不敢在台上说话，一说话就哆嗦、紧张，这可能也是许多工科同学的最大缺点。进入大学之后，参加了很多的学生工作，很多时候得逼着自己讲。国奖答辩与校长奖学金答辩的时候，尤其自我介绍的时候，在给新生培训专业内容的时候，开主题班会的时候，和社区志愿者沟通交流的时候等等，这些场合需要你去开口，去说，去表达自己的想法与观点，这是一个很重要的问题。

大学四年虽然没有担任班干部、学生会干部，但是我与学生工作以及社会实践仍然紧密相连。大一担任学生会干事，策划、举办活动，协助其他部门。大二负责ACM以及实验室的新生数据结构与算法的培训工作，帮助打好基础。大三担任大一班级带班党员，以及专业助理导师，负责专业学习、思想引领。这一年是工作最辛苦的一年，却也是最快乐的一年。每周至少三到四次的早自习、晚自习督察。主题班会、入党申请、期中期末模拟考、组织专业辅导、挂科预警、心理咨询等等，工作很多，却也很充实。一年以来，班级也取得了很多荣誉，我更是收获了珍贵的友谊。直到现在，还有学弟学妹向我不时咨询一些问题。学生工作是琐碎的但又细致的，容不得半点马虎，作为党员，有责任为同学们服务。

学生工作与学习生活基本充斥整个大学四年，在寒暑假的时候也会参与一些社会实践活动，像江西省女子网球公开赛志愿者、刘将军庙社区志愿者、交通协管志愿者等等，也积极参与学校组织的寒假十九大精神返乡宣讲活动、井冈山学生干部培训班学习活动。学生工作与社会实践扎扎实实地改变了我的性格，让我变得更坚韧果断一些、更外向一些。更重要的是，让我体会到了真诚地为同学们服务，为社区服务，心中是非常开心的。

学习、科创、学生工作、社会实践等等，大学会有很多的选择，有的人身兼数职，有的人一心一意办一件事。不管怎样，要学会统筹时间安排，分清主次关系，更要懂得自律，充分利用时间，让自己忙起来，但又不要让自己瞎忙起来，争取做到凡事有始有终，善始善终。

每个人的经历是不同的，不可复制、独一无二，你的大学蓝图需要你自己去绘制。在迷茫中寻找前进的方向，本身就是在不断地成长中。迷茫的时候，路最宽；在不断前进的过程中，会发现路越来越窄，但是却越来越清晰！

个人答辩，请扫二维码

矢志不渝，破茧成蝶

李　薇

李薇，女，汉族，中共党员，华东交通大学体育与健康学院运动训练专业2018届毕业生。

2017年华东交通大学"闪耀花椒"校长奖学金提名奖获得者。曾任体育与健康学院2014级运动训练班团支部书记及班长、校网球队队长。学习成绩优异，获校长奖学金提名奖、三好学生、优秀班干部，连续三年获三等奖学金。2017年荣获中华人民共和国第十三届学生运动会（网球）女子团体第二名，2016年荣获中国网球业余大师杯年终总决赛青年女双第三名、青年混双第五名，2015年荣获中国大学生网球联赛（武汉站）女子丙组团体第一名，2014年荣获"共青城杯"江西省网球公开赛女子专业组单打第三名等多项成绩，现已保送至本校继续攻读硕士研究生学位。

"宝剑锋从磨砺出，梅花香自苦寒来。"铁经历千百次的锤炼，才变为锋利惊世的名剑。凤凰经过浴火的洗礼，才变为受人敬仰的神鸟。人，唯有迈过一次次的低谷，才能登上那缥缈的山巅！我想成为一只蝴蝶，但蝴蝶美丽的背后都要经历一段漫长又困苦的蜕变。若想化蝶飞天，须先埋头织茧。成功没有捷径可走，脚踏实地，勤奋是最好的捷径，它将带我们飞上世界的云端。

初入大学（幼年期）

2014年我加入了交大，成为交大网球队的一员。由于在班级表现活跃，很是受老师和同学的喜欢，我被选为班长和网球队的队长，成为党员。初入大学的我，好像温室里的花朵，无法面对风雨雷电的击打。2014年，这是我入学以来第一次跟着大学假期集训，我也已经做好了吃苦的准备，可现实中的训练还是给了我迎头一击。每天早上八点到十二点一直在球场训练技术和战术，中午吃完饭后只有半个小时的休息时间让我格外珍惜，休息过后来到田径场训练体能耐力，稍作休息后，我们又回到球场练习基本功与实战对抗。一天的训练量下来，让我整个人都提不起精神，能让自己撑下去的就只是硬撑着的这种想法。经过一个星期的训练我也适应了这种生活。每天三点一线，球场、宿舍、食堂，充实但不枯燥，因为我热爱网球这个项目，我不知道自己未来的成绩会是怎样的，能让我支撑下来的也不仅仅是成绩还有心里那份对网球的激情。刚开学的时候，班里投选班长，大家都投票选择了我，这让我激动之余也多了一些压力。每天的我必须完成作为一名学生所要完成的学业，还要让自己在每天下午的训练中不能掉队，想到这些就让我非常疲惫，但是更累的还在后面。因为身兼班长一职，我还要每天叮嘱同学一些琐事，这让我疲惫不堪难以应对，很多时候想选择放弃，事多的时候心情也比较烦躁，这也导致了我上课和训练的时候都不能特别专注和投入。经过了一段时间的磨炼，我也慢慢熟悉这种生活方式，烦躁和逃避是没用的。只要换一种心态就会应对好所有的事情：因为我想收获更多的知识所以我要学习，因为我是运动员且网球是我热爱的运动所以我没理由放弃，因为同学们信任我选我当班长所以我也觉得自己有能力处理生活中的一些琐事。正因为这些，才能让我变得更优秀。很多时候，决定一切的是态度，有了正确的态度，就可以将压力转化为动力，踏上成功的舞台。生活是公平的，虽然不敢说一分耕耘必有一分收获，但现在的忙碌既是对我以前虚度的光阴的弥补，也是为我以后的生活的铺垫。

心如磐石，不灭的奥林匹克梦（成长期，艰难环境中成长）

奥林匹克，每一个体育运动员心中的梦，这份憧憬，从我开始打网球时一直延续至今，虽然对于绝大多数人来说它是遥不可及的存在，但是梦想的作用在于，给予你不断前行的力量。我不是一个网球天才，为了赢得胜利，在训练中我要付出比别人成倍的专注与努力，不论三伏酷暑，还是四九严寒，日复一日的重复枯燥、单调的练习，忍受着伤病的痛苦和折磨，只为日后更加光彩夺目。在我大二的时候，因为训练时没有保护好自己，我也没能逃过受伤的命运。那一次的我在离全国业余网球公开赛还有一周的时候在训练时不慎扭伤了脚，当时的第一反应不是扭伤脚带来的疼痛而是为不能如期参加比赛而担心。记得那一晚的我几乎没有睡觉，用热毛巾、冷毛巾不停地敷脚，用被子将自己的脚垫起来希望能尽快消肿恢复。经过休养我如愿地参加了比赛，取得了全国业余网球总决赛女子双打第三名的好成绩。虽然现在都提倡科学训练法，但是我认为，训练场上你不拼命地练，不一次一次地超越自己的极限，比赛时就没办法赢得胜利，这是个很简单的道理。我自己也明白，受了伤不丢人，反而我还觉得有点骄傲，因为在我看来那都是荣誉。或许，是因为我曾信誓旦旦地说自己想要冠军，永不言弃，一定要成为第一名；或许，是因为父母家人背后默默地支持，为此激励自己不断地前进；或许，是因为对美好未来的憧憬，让自己心中充满了动力。无论我们处在怎样一个混浊的环境，请别忘了，我们是龙的传人，我们始终不能忘了要腾飞于高空、叱咤风云的使命。只要有一丝的光明渗入，我们便要用我们锐利的双眼捕捉住它，让它带领着我们穿越重重障碍，抵达我们渴望的巅峰。

前路漫漫，唯有风雨兼程（蛹期，迷茫之中寻找自我）

在前行的路上，或许很多人都问过自己："我来这里做什么？我将来想要干什么，我的梦想是什么？"有的人知晓自己的梦想，有的人明白自己的诉求，有的人渴望能够珍惜自己生命中的每一段时光，哪怕艰辛，哪怕困难，他终究要为此付出努力，终究要成全自己的奋斗。在大三我遇到了瓶颈期，还是日复一日地重复着每天三点一线的生活，在这期间参加的比赛我依然没有取得过什么好的名次，这让我心里很是不解且郁闷。在经过一次和教练的交流后，教练给出的答案是我平常训练是够认真但是没有用心，我只是完成了教练要求的训练任务，但是没有理解这个训练项目针对什么，这也让我明白了为什么我那么刻苦地训练，而没有得到任何回报的原因。经过了几次教练的调整和自己训练时心态的转变，终于在2017年中华人民共和国第十三届学生运动会网球比赛中获得女子团体第二的好成绩，在此我特别感谢我的教练，是他让我在成绩低谷时期重新找回自己。

可是，有的人却无法明白自己走这一路是为了什么，无法知晓自己为什么在这么艰难的路上行走。于是，他们遇到风雨，便想要退缩，似乎逃避便能够将所有困难和风雨避开。事实上，有谁的成长道路会是风平浪静呢？又有谁能一直那么平步青云地前进呢？生活总是充满惊奇和变数，在我们不经意的瞬间改变着我们的认知和行为。

破茧成蝶，方能高飞（蝶期……）

唯有经过历练，才会发生蜕变。所有的证书和奖牌都是汗水和墨水的结晶，在我的翅膀上，它们将成为缤纷绚烂的光斑。付出方有收获，破茧才能成蝶。在交大，我成为国家一级运动员，代表学校去澳大利亚新南威尔士州交流学习，在校3年内斩获了9项全国大学生顶级网球赛事前三名。在比赛中，我收获的不光只有成绩，还有自信，在这里感谢交大和老师给了我一个这么好的平台。织茧虽然辛苦，但现在我可以面向所有人展示我美丽的翅膀，把我在网球学习中享受的快乐、乐观、阳光的生活态度如日光般洒在校园的每一处。人生有酸甜苦辣，大起大落。可无论怎样，都要前行，珍惜遇见！是终点亦是起点，希望大家可以勇敢前行。

2019，新的起点，新的使命

2019是特别的一年。我很荣幸亲自见证了祖国的繁荣富强。中华民族的近代史，是中华民族的屈辱史，更是中华民族慷慨激昂的抗争史歌。习近平总书记讲："我们比历史上任何时期都更接近中华民族伟大复兴的目标，比历史上任何时期都更有信心、更有能力实现这个目标。"新的起点已出现在我的眼前，之前的汗水已经蒸发化作了白云，或坠入了土壤，滋润了大地。背后虽然已经有了翅膀，但不足以让我飞得更高更远。蝴蝶产蛹，蛹变蝴蝶，是一个不断蜕变、不断循环的过程。今年，我成为了体健学院的一名研究生，这就是我重新织茧、破茧的新起点。汗水为茧，勤劳为翼；破茧成蝶，方能高飞。

个人答辩，请扫二维码

学习与尝试，一直在路上

张建军

张建军，男，汉族，中共党员，华东交通大学经济管理学院电子商务专业2018届毕业生。2017年华东交通大学"闪耀花椒"校长奖学金获得者。

在校期间曾担任电子商务专业2014-1班班长、经管学院市场营销专业2016-1/2带班党员、经管学院学生第三党支部组织委员、电子商务协会副会长、华东交通大学校青年志愿者协会志工部副部长。曾获校长奖学金、国家奖学金、国家励志奖学金、校特等奖学金以及校一等奖学金等。多次在全国电子商务三创赛省赛和校赛中获奖、"善班"杯第七届ERP（企业资源计划）沙盘模拟大赛二等奖、全省大学生英语竞赛优胜奖。在校期间连续四年获校三好学生称号，还获优秀学生干部、经管学院综治先进个人、暑假三下乡先进个人、优秀共产党员等称号。现已毕业在广州工作。

志存高远，用知识武装个人青春

自小母亲去世，由父亲一手抚养长大，家境贫苦而我却始终保持乐观的态度，不断努力。踏入大学校门的那一天，我告诉自己要充实地过好每一天，用激情和微笑去面对生活的每一天，用真心和细心去对待大学的每一件事，用勇气和汗水去迎战每一个挑战。我始终秉信"作为一名大学生，学习仍然是首要，有了知识才能走得更远"。

恰同学少年，风华正茂，正值青春年少的自己，更需要用强有力的专业知识来武装自己，才可以在大学生活中有所收获，在社会中有所作为。在校期间，保持着对专业的热爱与扩展，扎根专业知识刻苦学习，不仅仅满足于课本知识，更注重拓宽专业视野，学习和了解专业前沿知识和研究领域。图书馆是我常去的地方，翻阅书籍，享受知识带来的快乐，同时选修金融双学位，不断努力提高自我的综合知识能力。而我通过自己的努力与学习，大学期间的自己，综测成绩一直位列前茅，每年的奖学金更是对自己认真学习的认可。

作为电子商务专业的学生，更要了解抓住互联网发展的趋势与方向。2015年的互联网方向传统电商已经发展成熟，跨境电商风头迅速燃起.志存高远，用知识武装个人青春，我深切地想要去了解，去学习。我在学习之余，参与阿里巴巴"百城千校百万英才"跨境电商实训项目，在实训中去学习与收获，通过自己的努力，获得阿里巴巴跨境电商中级人才认证证书。知识的海洋是无止境的，所获得的收获也是颇为丰富的，青春被知识武装，终有一天将大放异彩。

积极创新，在竞赛中提升创新精神

作为一名大学生更应该具备良好的创新精神。在校期间，我积极参加各种竞赛，作为队长带队参加全国大学生电子商务"创新、创意、创业"大赛，农业网站策划、孕婴早教网站策划等，线下调研、老师学长指导，多少次与团队伙伴聚在一起集思广益，在深夜中改稿策划，在课余时间中排练讲述，一个个想法、一个个创意，最终化为纸上的符号，而付出最终有回报，积极参加竞赛在三创赛中多次获奖。同时我还加入ERP社团并在组织的第五期ERP沙盘模拟对抗赛中获得"优秀学员"的称号，并于2016年华东交通大学双基竞赛之第七届"善班杯"ERP沙盘模拟大赛中荣获二等奖。

一颗好的石子必须经过千锤百炼，一次次的比赛，我不仅在其中学到各种技能知识，同时更让我懂得如何去带领团队，在比赛中不断锻炼提升自己的团队协作能力以及行政执行能力。

不断尝试，在失败中寻找希望

时间定格在那天晚上的新生社团面试，刚来大学的我满怀期待想要进入社团，站在讲台上的我进行自我介绍，面对台下的学长学姐，当天的面试我只在讲台上讲了一句"我……叫……张建军……"便结束，因为紧张我面临了大学的第一个失败。自我反思后发现自己长大以来只要遇上正式场合上台，便会紧张怯场，为了克服自己的这个不足，以后的时间里，我不断锻炼自己，上课主动发言，社团活动积极参加，包括演讲比赛、辩论赛、主持人大赛等等，虽然在比赛中没有获得名次的收获，但是我收获了更多，不断地尝试、不断地锻炼，我开始敢于在公众场合发言，才有了后来在各种竞赛中讲解方案，在花椒舞台中展现自己，才最后敢于站在"闪耀花椒"舞台上。不断尝试，在实践中不断提升自我，这是我在大学中坚信的第二个信念。而这也对我在毕业后的工作有所帮助，毕业后的自己工作经常与不同公司的人交流谈判，正是因为大学的自我锻炼才有了后来工作的顺利成长。

以前的自己是怎样的都是过去式，现在的你如果觉得自己有哪些不足或者想收获想成长，那就从现在开始去改变。种一棵树最好的时间是十年前，其次是现在。那么改变自己的不足，从现在开始。

热心服务，在实践中提升自我

在思想道德上，我加强政治理论的学习，努力提高自己的道德修养，全面发展，不断完善自我。用知识武装自己的头脑，牢固树立了社会主义荣辱观，学习和实践科学发展观。

我于入校伊始就向党组织递交了入党申请书，从那时起，我就时时事事严格要求自己，在日常生活中更是以一名真正党员的标准来严格要求自己的言行举止。在思想上积极要求进步，树立了良好的人生观和道德观。"三个代表"、社会主义荣辱观、博学博爱、立人达人……这些早已深深烙入我的内心。2016年我加入党组织，成为一名光荣的中共预备党员，之后，我在继续学习党的基本理论知识的同时，更加注意发挥党员先锋模范作用，在德智体美等各方面起表率作用。同时加入党组织后担任经管学院学生第三党支部培养人，对于组织交代的工作认真对待，在"两学一做"和"五微"等活动中，我积极响应号召。2017年4月我如期转正，成为中共党员。

同时，大一期间我加入经管院学生会新闻部，作为干事的我，积极进行校园活动的消息报道，并在院新闻网以及日新网发表文章，同时在经管红旗社宣传部工作，积极宣传党的理论知识。在此期间，我以服务同学为宗旨，认真完成各项工作。在工作中我享受着帮助别人的快乐，同时我也收获了许多，无形中，我的沟通能力和组织协调能力也得到了提高。另外，我还加入了校青年志愿者协会，作为志工部部门的一名干事，积极参加各种志愿活动，在服务他人的过程中为自己的大学生活添加精彩，并在大二期间担任校青年志愿者协会志工部副部长，协助组织红十字会救援培训、爱心包裹、地铁志愿者培训等志愿活动，同时还与南昌市蓝豹救援队联系合作，组织急救知识培训活动以及校外荧光夜跑等志愿活动。赠人玫瑰，手有余香，我不断服务他人并热衷服务他人给自己带来的快乐。

同时大三期间，我担任经管学院电子商务2014级一班班长以及经管学院营销专业带班党员，协助班级辅导员管理好班级，全力塑造一个团结、活泼、学习氛围高的班级，同时担任电子商务协会副会长，积极组织对电商知识感兴趣的同学学习电商知识，参加电商比赛。"长知识、增才干、做贡献"，我积极参与到各种活动中去，尽力帮助他人。

踏实感恩，不断学习走向未来道路

一路奋斗、一路感恩、一路收获。大学四年，我通过自己的努力获得多种奖项，多个奖学金，大学四年，奖学金共计五万九千八百元，这使我确信学习就是财富，感恩花椒，因为是花椒给予这一切。我未曾停下自己的脚步，怀着感恩的心，不断前进。做人要感恩，做事要踏实，不断尝试与学习，不断服务与感恩，不断提升与实现价值。"士不可以不弘毅，任重而道远。"

我坚信，在未来的漫漫道路上，我会一步一个脚印，怀着感恩的心，踏实地走好每一步，朝着自己心中的梦想和目标出发，以"花椒人"的身份在社会实现自己的价值。

个人答辩，请扫二维码

既要"三心二意"更要"一心一意"
——花椒学子应有的人生追求

吴 怡

吴怡，女，汉族，中共党员，华东交通大学国际学院国际会计（ACCA）专业2018届毕业生。

2017年华东交通大学"闪耀花椒"校长奖学金获得者。曾任国际学院2014级ACCA一班班长、国际学院学生会副主席等。学习成绩优异，获校长奖学金、国家奖学金、校特等奖学金、校一等奖学金等，通过ACCA英国特许注册会计师考试。多次主办校级、院级活动，多次获得"华东交通大学优秀学生干部""华东交通大学社会工作奖""华东交通大学文体艺术奖"等荣誉称号，2018年保送至北京国家会计学院攻读硕士研究生学位。

光阴荏苒，前段时间接到《天佑传人》编委会老师的邀请撰写一篇个人事迹，才发现不知不觉毕业已快两年，不由得感叹"时间都去哪儿了"。说记录自己大学的"丰功伟绩"供学弟学妹们"学习参详"我万不敢当，只能把我的过往经历和大家分享一二。去年聆听北京国家会计学院院长秦荣生教授的主题演讲"从青年学子到国家栋梁"，他在演讲中提出研究生应做到"三心二意"，三心即自信心、责任心、恒心，二意为真心实意、一心一意。私以为不仅是研究生应当做到"三心二意"，本科生在校的四年更是培养自身良好品质的最佳时期。由此，便结合自身经历，"借题发挥"。

学生工作应当有责任心

亲爱的学弟学妹们，踏进大学，就相当于踏入一个五彩缤纷的小社会，在这里，我相信或多或少你们都会承担一些学生工作，有太多的苦与乐、泪与笑、徘徊与坚守、问题与答案需要你们在工作中找寻。曾有学妹问我："学姐，你是怎么一步步当上主席的？"我的答案是：高度的责任心。我于2014年加入国际学院学生会，那时我还是一名文艺部的小干事，每天干着不起眼的小事，但我从来不敢懈怠。我会在活动前修改几十遍策划，会为了节省活动经费多走几万步去市区租借小蜜蜂，会在所有人都离场之后默默捡垃圾。学生会的工作，需要每一个部门通力合作，更需要每一位成员的细心坚守。回顾在学生会的四年，我参与举办大大小小近150项活动。连续四年组织的毕业生晚会让学长学姐回忆了交大的点滴岁月；2016年，国际学院在饱受校内外注目的心理剧大赛中获得第二名，同年，雷锋月爱心义卖活动卖出的几百张邮票展现了国际的爱心和社会责任感；与ACCA（特许公会计师公会）和CIMA（英国皇家管理会计师公会）官方合作的就业力大比拼和商业精英挑战赛，使同学提高案例分析的能力并强化专业知识；除此之外，最受瞩目的国际文化交流节，活动现场人如潮涌，深受校内外好评，吸引了中国青年网、江西日报、江西手机报等多家媒体的争相报道；"风华国际"（国际学院公众号）每天对身边事进行花式播报，让我们认识身边事、欣赏身边物，浏览量达全省同类公众号前十。这些都离不开学生会所有同学的努力，学生会的每一个部门都各司其职，我们用高度的责任心一点点浇筑国际学院的未来。

有责任心的人，才能够做到不因事大而难为，不因事小而不为，不因事多而忘为，不因事杂而错为。而这也是在学生工作当中的通关秘诀。勇于对自己、对工作、对学校、对社会有责任心的人，才能无愧于自己大学的四年。

文体活动应当有自信心

与单调的高中生活不同的是，大学生活中我们有了更多参与校园文体活动的机会。还记得高中生物课本中说 "生态系统中生物的种类、数量越多，其自动调节能力就越强，抵抗力稳定性就越高，整个生态系统就会越稳定"。这个道理放在大学同样适用，只有参与更多的活动，接触更多的人，大学生活才会越来越有趣，越来越丰富多彩。

作为大学文体活动的主角，无论该项活动是否为我所长，都应该有 "天生我材必有用" 的自信心，应有 "会当凌绝顶，一览众山小" 的豪情，在活动中迸发激情、追求卓越，才能积极地面对遇到的困难和险阻，越干越好，越干越优秀。

在所有参加过的文体活动中，印象最深刻也最难忘的是2015年我代表华东交通大学参加第十一届中国大学生健康健美锦标赛。在去比赛之前，我对自己充满了不自信，不是舞蹈专业科班出身的我，面对的全是舞蹈专业的对手，无论是身体素质还是专业素质我都无法和其他队员抗衡。一再犹豫是否要退赛。后来，满怀着报答母校、为华交争光的满腔热情，我决定相信自己，背水一战。我每天早晨坚持六点起床，从北区的最北端去南区的最南端参加训练，为了实现比赛当天的良好发挥，四分钟的舞曲我练习了不下千遍，甚至还在比赛当天对比赛场地和时间进行了精确计量，最终代表母校对战来自上海体育学院、北京舞蹈学院等五十多个高校代表队，最终获得三个国家级的一等奖，还包括一个单人项目专业组排舞一等奖。

学习应该当有恒心

聚光灯下的我是一名舞者，但走下舞台的我是一名学生，我不会时时都当一名舞者，但我却时时都是一名学生。作为一名学生，知识才是最无穷的力量；身为华东交大的青年学子，你不应该害怕日复一日的学习。常常有人问我，你在学校又要承担学生工作又要参加比赛，生活一定非常充实和精彩吧？充实是真的，但不是每一天都像今天一样光鲜，相反，我会是在考试前复习到凌晨四点的那一个，会是在大家节假日时默默打开卷子刷题的那一个，踏踏实实做完手边的功课，才是一个花椒人应有的常态。大学四年，我总是坐在第一排专心听讲，凭借着持之以恒的精神，大学70%的课程超过90分，获得综测第一，荣获校长奖学金、国家奖学金、校特等奖学金等，并利用课余时间学习ACCA英国特许注册会计师证书的课程，每天坚持自习六个小时以上。课程学习之余，积极参加专业实践，在行动中不断完善自己的知识体系，并以更高的标准要求自己。在2017年的暑假，有幸参加北京国家会计学院和中山大学管理学院的夏令营，并在北京国家会计学院中，经过两天一夜的封闭式笔试、面试和案例研讨，最终以综合成绩87.65排名全国专业第一取得外校推免资格。

在大学，有太多欲望，太多诱惑，所以更需要你在校园里坚守自己的初心。不要害怕生活的单调与平静，享受精彩的同时亦不要忘记学习是本业，少熬夜、多读书，认认真真做事，踏踏实实做人。

为人处世应当真心实意

庄子说："不精不诚，不能动人。"意思是如果你不真心对待别人，无论做什么事都不能得到别人的尊重。人活一辈子，人品是最好的名片，是我们一生中最硬的底牌。

在获得"校长奖学金"之后，我常常会觉得，这个荣耀绝不仅仅属于我一个人，她属于整个国际学院。没有国际学院老师、同学们的支持，我无法将最好的自己呈现给观众。"校长奖学金"赛制复杂，需要经过四轮的筛选，历时两月，是"花椒"的最高荣誉。比赛期间，除了需要选手准备答辩时的讲稿、PPT以外，还要自己设计视频剧本，制作个人宣传册，拍摄海报。为了制作我的个人宣传册，当时宣传部的好几个女生，在我晚上十一点刚从南区礼堂彩排完后，冒着大雨到教室里陪着我一起构思图案、绘画初稿。我的室友，推掉了自己的一切事务，专门在南区礼堂陪我校对PPT。所以，当我站上舞台时，我告诉自己，不用怕，我的背后，是整个国际学院！

感谢那段时间老师、同学们给予我的温暖和真诚，深夜教室的灯光照亮了他们被淋湿的头发，却照不出一丝眼中的抱怨。被真诚以待的人，也更加愿意对别人真诚以待。在工作和生活中，只要做到"真心实意做人"，就没有解决不了的事。

何时何事都应当一心一意

随着对大学生活的了解逐渐地加深，你也许会发现，有趣的活法有一千种、想做的事情有一万件，但每个人拥有的时间都是有限的，能够做的事情也是有限的。离开华东交大后，偶尔也会有学弟学妹微信向我倾诉学习生活中的烦恼，但总结之后发现最核心的问题是：面对大学中的诸多诱惑，不知该如何取舍，什么都想得到，却难以面面俱到。所以，在学习工作中，应当让自己专注起来，一心一意熟读一些书，一心一下做成某件事。

我在备考ACCA英国注册会计师的时候，由于前期参加锦标赛花费了大量的时间练习舞蹈，等比赛完就只剩下最后一个月准备考试了。时间紧，压力大，门数多，但我很明白，想要把ACCA考出来，就必须一心一意地去对待，如果三心二意，等一件事情还没做好，就想着另外一件事，终将一事无成。我把手机关掉，把所有的聚会推迟，留下充足的学习时间，如果有必须到场的会议，提前规划好，开完会继续走进自习室学习。如果我在学习时一会儿想着"下个月主席竞选，是不是该准备一下"，一会儿想着"过两天班级聚会，是不是该找生活委员商量一下"，那我最终可能会变成失败的考生，落选的竞选者和粗心的班长。所以，每一个人都只能在一定的时间内，专心致志于一个目标。一心一意就是要有一种不达目的誓不罢休的执着，要有一种不事张扬、力戒浮躁的风格，要有一种排除干扰、战胜自我的毅力，要用坚毅的品质和钻研的精神去对待生活中的挫折困难，告别平庸，走向成功。

同学们，在人生的旅途中，华东交大是我们的加油站。在这里，我们能从学生工作中找到责任心，文体活动中增强自信心，学习中培养恒心，待人接物中学会真心实意。同时，面对大学中五花八门的选择和光怪陆离的生活，我们很容易迷失方向，最终偏离自己的目的地，所以，我们必须要一心一意，只有一心一意地攻克难题，才能不断地挑战自己。一心一意，是花椒人应有的品格和姿态，更是校训中"日新其德"传递给我们的花椒精神。

个人答辩，请扫二维码

有备而来，从未停歇

王安格

王安格，山东潍坊人，男，汉族，中共党员，华东交通大学交通运输与物流学院交通工程专业2019届毕业生。

2018年华东交通大学"闪耀花椒"校长奖学金提名奖获得者。曾任交通运输与物流学院团总支书记、辅导员助理、交通工程2015-2班班长等职务。大学四年学业平均成绩专业第一，保研成绩专业第一。曾获得国家奖学金、校优秀毕业生、特等奖学金、一等奖学金（2次）；获三好学生、优秀学生干部、优秀共青团干部共计8次；获2018年美国大学生数学建模竞赛二等奖、第五届"认证杯"数学建模竞赛一等奖、校力学竞赛一等奖、物联网设计大赛二等奖等8项竞赛奖项；申请国家专利5项，其中2项国家发明专利，3项实用新型专利；发表一篇期刊论文等。

收到中南大学、北京交通大学、北京工业大学等多所双一流高校研究生录取offer，最终选择北京工业大学继续深造，师从关宏志教授，研究生期间获土木工程学科新生特别奖学金，已经录用一篇EI检索会议论文。

"新生"后奋力前进

意在为学弟学妹们提供一些启发，我便尽力把我的学生时代经历完整地呈现。我从小就是一个比较自信的孩子，从初中一年级开始直到高三毕业一直担任班长，其间也被家长带回家反省过多次，所有被长辈看来"叛逆的事"几乎都做过，但从始至终，我从未放弃过的一件事就是一直积极努力。高考失利，仍忘不掉查到成绩的傍晚坐在床上掉眼泪的场景，所以对即将到来的大学生活，我认为自己会拥有很多可能性，内心满是信心与期待，更多的是高考失利后的决心。大学想继续做自己喜欢的事情，但机会都是自己争取来的，所以在南下的火车上发给大学辅导员一条短信："张老师您好，我叫王安格……我有担任班长的意愿……"2019年也恰好是我班长生涯的第十个年头。大一的我也算努力，身兼数职，学生会、班长、文工团都能看到我的身影，不过这种努力是没有方向的努力。记得那时辅导员问我："你想保研吗？"虽然对保研没有任何概念，但这句话在我心中种下了一粒种子。

"离别"中重新开始

当大一结束，满怀信心与期待，准备大二的"升级"时，却被告知整个专业要调整到运输学院。当时心里五味杂陈，调整校区意味着要远离我的朋友们，要重新开始我的生活，要考虑就业方向等各种因素。在两院交接会上，我作为专业的代表发言："我们会更努力，会有更好的未来！"

我清楚地知道，我十分热爱学生工作。调整学院后，我成为了专业唯一一个继续留在学生会的人。因为我知道，在新的环境，我不只要为我自己发声，更要为专业发声，为学院发声。与新环境磨合过程中的辛酸苦辣现在看来都显得微不足道，而我体会得到，那都是成长啊！这一年，我担任学生会部长、学生助理、英才组织委员、班长……可以通宵加班整理八个班级的贫困生资料，也可以一天参加四五个会议，每天忙得不可开交，参与学生工作，我有幸认识了很多优秀的同学，潜移默化地影响着我的人生轨迹。那段时间躺在床上一分钟内就会入睡。虽然身体疲惫，但是只要精神上不懈怠，你就可以做更多！我的努力，铿锵有力，清晰可见！并且也是因为担任胡老师助理，我有机会认识了本专业的孙浩冬学长，他当时成功保研，现在师从交通部小明副部长攻读博士学位，还有本专业2010级凌璐学姐，现在在麻省理工学院全奖攻读博士学位，也因为此，我的心里就种下了一颗种子，坚定了一个目标，我要保研，我也想拥有滚烫的人生，人生路漫漫，但是眼前能掌控的就是自己的学业。榜样的力量不可估量，这也是我写这篇文章的主要原因，希望告诉学弟学妹们，人生的每一个阶段都一定要有自己的目标并坚定信念去实现，这非常重要。

果然，人一旦有了愿意为之努力的目标，风雨兼程也不觉疲惫。我详细分析了学院的保研政策、加分标准，制订详细的大学规划，包括绩点、科研等。有了目标，加之实现目标的强烈意愿，便动力满满，为了赶时间完成活动策划加班至凌晨，为了保证听课效率坚持坐在教室前两排，为了准备数模比赛在学校奋战到除夕前夜，所以之后的每个学期，我的成绩都是不断提升。科研方面，尽管缺乏平台，缺乏队友，但是我还是通过各方面的途径，了解各种学科竞赛并进行了列表汇总，同时主动联系专业老师，邀请同学，请求加入到科研工作中。慢慢地，经过努力，各方面的成果也慢慢呈现。我非常庆幸能在运输学院学习成长、能得到交通工程系的老师们的指导，是这片沃土，让我乘风破浪，踏遍黄沙海洋。

调整后不懈坚守

大三，未雨绸缪，要考虑考研还是保研亦或者找工作，如果打算考研，时间紧迫，大三就要开始准备，如果打算直接工作，继续做学生工作也是很好的选择。我也曾想过放弃学生工作，全身心投入到学业和科研中，但综合考虑各种因素，还是决定坚守，想做，那就做。本已经很熟悉学生会的工作，但由于各种因素，我从学生会调到团委担任院团委学生副书记，开始全新的工作。理论知识匮乏，与新的学生部长们没有工作基础，过渡期有的只是迷茫！然而，无论如何，都得继续前行！安排协调好团委的每一项工作，认真学习各种文件和精神，每周接踵而至的会议，最后一年，我仍坚守在学生工作岗位。

这一年，我作为院世纪英才优秀学员，也入选了校世纪英才，在校世纪英才这个更大的平台，我认识了很多优秀并且志同道合的朋友，我们一起参加三下乡，赴上饶弋阳开展志愿活动。并且发挥不同学科的长处，充分结合，一起参加各项学科竞赛，也取得了令人满意的结果。

在参与学生工作的同时，我积极联系专业导师参与科研活动，在彭理群老师指导下，加入了校"1+4"创新创业团队并担任队长，开始了我的科研生活，带领团队积极参加创新创业大赛，并申请了多项国家专利，这个过程为我以后的研究生科研工作开展打下了一定的基础。所以在此希望学弟学妹们如果有意愿继续深造的话，大学期间可以积极加入到满意的科研团队，这对科研能力的提升大有裨益。

大三这一年，你可能会面临考研、保研或是工作的选择，打算考研的话，大三就要开始准备了，但是我在估计了自己的实力后，决定破釜沉舟，全心准备保研，这也意味着，如果保研失败，对于想继续深造的我，将无路可退。

但一旦坚定选择后，那就按照自己的规划，继续努力，绝不松懈。

感谢挫折，感恩花椒

挫折，熬过去就是成长，熬不过去，就只能继续平庸，感谢挫折，让我成长。"雄关漫道真如铁，而今迈步从头越"，三年多以来，我感受到了交大的巨大提升，交大也见证了我持之以恒的努力，我可以很幸运地说，我熬过去了大学所遇到的困难，并且我四年的努力，也像一道光，穿破了黑暗和迷茫。

不知不觉已在京求学半年，回忆四年大学生活，充实而美好——有关于人，虽然如今在四海八方，但情谊始终挂在心头；有关于事，尽管都已随时光消逝，然而经历给予我成长。

非常荣幸能收到母校的约稿，在归途的火车上，我完成了这篇文章。希望能给予学弟学妹们启发，即便是一点点，也心满意足。

人生路漫漫，保持期待，继续探索，未来可期！

个人答辩，请扫二维码

向光而行的阳光男孩

陈天翔

陈天翔，男，汉族，中共党员，华东交通大学人文社会科学学院公共事业管理专业2020届毕业生。

2019年华东交通大学"闪耀花椒"校长奖学金获得者（亚军）。曾连续四年担任人文社会科学学院2016级公管1班班长、人文社会科学学院院长学生助理及党政办公室学生助理、中文公管学生党支部副书记、公共事业协会会长等。学习成绩均保持专业第一，获国家奖学金、校长奖学金、校特等奖学金、泰豪十佳大学生奖学金、校一、二等奖学金等。获第三届全国大学生城市管理竞赛全国二等奖、华东交通大学第一届鼎新杯案例大赛特等奖，连续多次获得校优秀学生干部及三好学生、校优秀共青团干部、优秀共青团员、社会工作奖等荣誉称号。以学生负责人身份参加多项省部级课题研究，发表论文一篇，现已保送中国科学技术大学继续攻读硕士研究生学位。

朝乾夕惕，刻苦钻研

2016年夏天我参加高考，高考成绩的公布，也意味着我人生的一个新的开始，我的成绩不理想，所有填报的专业都被调剂，我最后进入了公共事业管理专业，这个专业被网友戏称"十大坑人专业"，并且我还是专业的倒数第一，所有的一切都意味着我是最差的那个，不努力只会更差。

本想着进入大学后可能还是这么混混日子过去了，但我大学的人生导师——辅导员龙良华老师改变了我的想法。龙老师给我们上的第一次班会课就反复告诉我们：高考是我们人生的第一个长跑，这个长跑已经结束，而你们的大学四年是又一个万米长跑，一切从零开始，这段长跑比的是你们能否更能坚持和用功，四年的时间是你们改造自我，成就自我的四年，一切由你们决定。这一段看似普通的说教，我真的听了进去，并以此鼓励自己不断努力，四年一直都在坚持做好自己，一切从零开始，我用100%的重视加200%的付出，对于每一门课程高度重视，认真学习，无论课程是否是考试课或者专业课，我都认真对待，因为每一门课程都有它的作用，可能在未来的某一个时刻，对我们有着不可替代的作用。比如我曾经辅修过一门法学的课程，在我推免研究生时，我对跨专业去读法学研究生有了想法，而我曾经辅修的那门法学基本理论课程就为我提供理论基础，当时学这门课程的时候，未曾想过会对我产生这么大的作用。在学习方法上，我形成了"每天反思、每周小结、每月检测"的学习方法，坚持多与老师沟通和交流，我实现了从倒数第一到第一的转变，连续三年智育和综测成绩都位于专业第一。

学术方面，我本是一个"小白"，"白"到一开始我连论文的基本结构都不懂，经常把一篇论文写成一篇作文，可以说是学术上十足的门外汉，而我的导师告诉我：正因为你没有基础，才可以更好地去塑造你，学术对于学生而言没那么复杂，就是一边学一边进步的过程。大学四年的时间里，我以学生负责人的身份参加了多项省部级课题研究和专业领域的国家级比赛，并且都取得了不错的成绩。依稀记得，我第一次作为项目负责人带队参加比赛的情形，这次参赛是我们这个专业成立十多年来学生第一次参加全国范围的专业性比赛，专业老师没有经验，我们学生也没有经验。我们选择的项目是对南昌市区所有的大型农贸市场进行调研，项目开始前信心十足，项目开始后才知道困难是我们没有预料到的。团队成员无数次想放弃，我一边说服自己，一边说服团队成员。这个比赛历时半年，最终我们实现了专业的历史性突破，和一批985高校的学生同台竞技，拿下了全国第二的好成绩。学术科研没有我们想象的那么神奇，只要愿意多做点，多和专业老师有一些沟通和交流，每个人都会有一些收获。

今年我以全院第一的成绩成功推免，得到了中国科学技术大学、山东大学、中南财经政法大学、华东政法大学等名校的offer。其实大学的学习并不难，难的是坚持，是充满信心，在大学其实只要坚持学习，形成适合自己的学习方法，对自己的学习充满信心，我相信都会有一个好的结果。

其实我不是大家心里所认为的那个"学霸"，和一些科研达人们相比，我的起点很低，能力相差甚远，专业背景也大大弱于其他专业的同学，只是我没有选择放弃，抓住一个小小的机会我都全力以赴，尽全力做到我心目中的最好，因为我一直坚信"笨鸟先飞"的道理，努力比天分来得更加踏实和实在。对于我们所有的普通的同学而言，在科研方面，我们不可以选择天分，但我们可以选择努力。

不骄不躁，踏实肯干

大学是一个你发展能力，提高自我，展现自我的平台，学生工作则是这个平台提供给你的一种学习途径。

在来花椒之前，我担任了十二年之久的班长，从小学一年级到高中三年级一直担任班长，来到花椒我先后担任了各类学生干部20余个，每个职务都锻炼了我，其中班长、学院办公室助理、带班学生党员让我实现了蜕变。

大学的四年，我依旧是担任了四年的班长，大学的班长是最能锻炼一个人的职位，一个班级就是一个小型的社会，班长作为除了辅导员的班级第一责任人责任重大。担任班长的四年里，我认真对待班级的每一件事，对于涉及同学利益的事情，一直坚持公平公正的原则，四年间班级同学间基本没有大的矛盾，班级同学紧紧拧成一股绳，我们这一年级为我们这个专业实现多项突破，为专业拿下全国性赛事国家级大奖。我一直以自己作为公管人而骄傲，俯首甘为"公管"牛是我发自心里的一句表达。

大学的四年，我担任了三年半的学院办公室助理和一年的18级公管专业带班学生党员，这段经历成就了一个不一样的陈天翔。办公室的三年半其实就是社会工作的三年半，我虽然只是一名学生助理，但我从来都是把自己当作一名正式的工作人员，积极主动，不叫苦不喊累，慢慢学会如何处理工作中的人际关系以及一些职场的规则，学院的领导和老师都对我有着较高的评价。作为带班学生党员，算得上"初为人师"，记得最初把30位学弟学妹们迎接到花椒，我努力地去了解他们每一个人，在他们心里我是他们在这个陌生城市的依靠，我尽全力做好他们的后勤工作，手机24小时为他们开机，只要班级有事，我个人的事一定安排到班级事的后面，班级的每一次活动，只要没课，我都会参加，慢慢地他们信任了我，我"喜欢"上了他们。可能这个班级没有成为全校最优秀的班级，但我们坚定地在一起，班级同学团结一致，每一个人都追求进步，不断向上。他们常说一句话让我深受感动："一日为翔哥，终生为翔哥。"

当我们为一些人或一个组织做一些小小的付出时，他们会百倍地回报你的付出，这种回报是无形。有一份光发一份热，全心全意为花椒服务，做务实求真的花椒人。

奋力逐梦，超越自我

大学四年我收获了成绩、奖项、荣誉等等，但是最值得我骄傲的收获是我超越了自我，我用四年的时间塑造了一个让我自己满意的身体。

刚进入花椒的我是一个体重达230多斤的胖男孩，这个胖男孩走几步路都会气喘吁吁，新生的入学体测，除了依靠体重扔铅球成绩及格，其他所有项目都远离及格线，千米长跑我用了10分钟都没跑完，230多斤的体重胖到医生已经发出脂肪肝严重超标的警告。我意识到自己需要主动改变，我选择了最笨的减肥方法——长跑。长跑是一项看起来很简单的运动，没有任何要求的运动，但却是最难坚持的运动。但是我选择了长跑，我也就选择了坚持，四年来我每天坚持长跑十公里，即便是特殊的时期，我没法长跑，我也坚持在室内运动一个半小时以上，这样的习惯我坚持了四年。845天坚持每天长跑近10公里，跑步总里程达8150公里，相当于194个马拉松，减重90斤。这些数字对大家来说可能只是冷冰冰的数字，但对我来说却是我最值得骄傲的荣誉，我超越了我自己。长跑的过程是一个自我修炼的过程，实现自我与自我的对话，在长跑的过程中，寻找自己的不足，反思自己的行为，不断去锤炼自我。人只有逼至极限才能跨越边界、实现超越，而我超越了我自己。

荣誉属于昨天，希望属于明天。记得在我完成校长奖学金冠亚季军答辩后，我拿到了亚军，也是三年以来第一位文科男生获得这个荣誉，我的一位导师对我说：恭喜你再一次挑战了自我，今晚你是花椒也是人文最闪耀的那颗星，但明天，你依旧是那个平凡而踏实的陈天翔。这几句必将让我终身铭记，永远不敢忘怀。大学四年是我们人生的起点，是我们奠定人生基础的开始。我的大学四年在多数人眼中或许取得了一些成绩，我也被称为"学霸"，但对我而言只是我人生的一个开始，未来我将成为一名知识产权专业的研究生，我将学习和研究知识产权法，继续开始挑战自我的全新生活，身边的一切都在变，而唯一不变的是我永远不会停下挑战自己的步伐。

请大家和我一起相信梦想，勇敢而踏实地去追逐自己的梦想，做一个向阳而行的追梦人。我是一名普通的花椒人，我为每一个普通而怀揣梦想的同学"代言"！相信梦想，仰望星空，脚踏实地！

个人答辩，请扫二维码

星光引航，向上向善

肖天飞

肖天飞，男，中共党员，华东交通大学电气与自动化工程学院电力系统及其自动化2020届毕业生。

2018年华东交通大学"闪耀花椒"校长奖学金获得者。曾任校天文爱好者协会会长、电气学院党员先锋队队长、电气学院2018级电气3班和4班带班学生党员、红色帮扶教师、社区公益教师等。学业成绩多次位居专业第一，四年均学分绩点4.13，获国家奖学金、国家励志奖学金、校长奖学金、自强奖学金、特等奖学金等各类奖学金。以星光引航，自强自立，战胜癌症，积极向上，热心公益，胸怀寰宇，热衷天文科普和天文摄影为标签，成为2019年全国"向上向善好青年"候选人。现已保送至重庆大学电气工程专业攻读硕士研究生学位。

追光，战胜黑暗

大部分贫困地区的孩子，第一次坐上火车离家远行，大概都是奔赴梦想中的大学，而我第一次坐上火车离家远行，却是去往几千公里外的北京求医；大部分人的17岁本应该是一生中为梦想而奋斗、最为色彩斑斓的一年，而我的17岁却是在北京某医院的肿瘤病房中度过。

对于一个普通农村家庭来说，癌症意味着天塌下来了；对于一个普通人来说，癌症意味着人生的颜色变灰暗了。高三那年，我被确诊为患恶性肿瘤，也即是人们常说的癌症，一时间，家里因为我的病情开始负债，我的人生也因为这场病变得灰暗。我喜欢星空，从小就是，那宇宙深处的天体常让我有沧海一粟之感，那漫天的星河也让我觉得任何个人的苦难都渺小得不能称之为苦难。那就微笑面对吧，我咬紧牙关，克服放疗、化疗带来的虚弱、恶心等诸多副作用，经过一年的坚持后，我有幸从死神手里捡回一命。

某些病友的永远离去以及病症复发的讯息，直至我写下这篇文章的时候，都在时刻警示着我——我是与时间赛跑，因为死神说不定什么时候就可能再来。也因此，重症初愈，我便立刻投入到了紧张的高三学习中去，一年的求医之路已经让我落下了太多，我只有抓紧时间、注重效率，才能不负众望。

恰逢国家全面小康步入决胜期，在村党员干部的帮助下，我家的经济情况也慢慢好转，这也更让我能安心投入学习中去。但是刚复学时，我只能考300多分，这显然是于大学无望的，我心想癌症我都扛过来了，高考算什么呢？于是我制订了合理的学习计划，并坚定地执行下去了，慢慢地我从300多分提高到400多分，再提升到500多分，最后高考考上一本被交大录取。世上无难事，只怕有心人，苦难早已过去，我要迎接新的未来，相信我的人生将从这里改写，我的征途将从这里启航。

聚光，追求卓越

既然征途是星辰大海，怎能被一场风浪就击退了呢？在花椒这片璀璨的星空下，我相信只要我足够努力，我就能给我这劫后余生创造更多的价值。

我记得刚入学时，辅导员就跟我们说，大学期间只要你能付出高三时三分之一的努力，待到毕业时你就能收获满满。而我的想法是，好不容易捡回一命，好不容易考上交大，怎能上了大学就有所松懈？上大学应当是努力学习知识，努力锻炼提升自我的过程。作为学生，我认真对待每一门课程，多看多学多练，做好总结笔记，学有所思、思有所得，课程结合、融会贯通；作为学生干部，我努力干好每一项工作，尽责尽心尽力，只求问心无愧，服务同学、服务社会，锻炼自我、提升能力。

康德曾说，有两样东西，愈是经常和持久地思考它们，对它们日久弥新和不断增长之魅力以及崇敬之情就愈加充实着他的心灵：他头顶的星空和他心中的道德准则。我从小热爱天文，就算是患病期间，也从未停止思索，这一路走来更是少不了星空给我的启迪。中学时第一次学习到伽利略通过自制的倒像望远镜观察到了木星等诸多卫星，学习到牛顿发明牛顿反射式天文望远镜解决了色差问题，我便深深沉迷于光学知识，想要制作一台自己的望远镜。当时的网络并不发达，小县城的图书馆藏书并不丰富，我通过仅能接触到的百科全书以及课本上的光学知识，深入研究凸透镜成像原理学，通过不断改良设计，成功制作了一台三片凸透镜正像望远镜，但正像对于天文观测来说意义不大。为了追求更好的成像质量与放大倍数，我又简化了光学设计，得到了放大倍数更高的倒像望远镜，但是倒像又不为旁人所理解，以至于参加学校比赛时名次不尽如人意。但这些都不是问题，我就是通过这架自制的望远镜第一次观测到了月球的环形山，开启了我的天文之旅。

天文之美不仅仅在于表象，那更深层次的广袤无垠之美更让人沉思。在这浩瀚的星河中，我们只不过是尘土，在这时间的长河里，生命只不过是一瞬，我想与其成为一个平凡之人，服从命运安排，不如成为一个不凡之人，创造奇迹。我想正因如此，那段艰难的岁月才变得不那么艰难。

高考后，当我得知我被花椒录取的时候，我就在网上寻找花椒的天文社团，还未开学之时，我便加入了花椒天文爱好者协会的交流群，社团里志同道合的学长学姐让我感受到了组织的温暖。开学后，我如愿成为了天文爱好者协会的一员，以前是孤身一人，现在身旁有一群人学习天文、畅谈天文。但我知道，花椒只是给了我们一个平台，学长学姐们只是初步把我们领进门，最后还是要靠我们自己用饱满的热情去学习更多。很庆幸，学校的公共任选课有两门与天文相关的，我毫不犹豫地把两门都修读了。

每天，我都期待着星期一晚上的天文选修课，我在天文的世界里探索，我学会了天文摄影的基本流程和注意事项，我学会了认识四季星空，我也建立了一个更广阔的宇宙观。闲暇之时我便登录天文相关的网站学习，订购杂志深入了解，四年大学时光，我从一个半知半解的天文小白变成了一个合格的天文爱好者。

大二时，我任职天文爱好者协会会长。秉持着一颗热诚的心，我常常在校内举行小型观测活动，正如每一个天文爱好者一样，我们都是搬运着沉重的设备找到合适的观测点，然后在黑夜里探索星空，每次收摊都恋恋不舍。我知道，虽然社团内有小部分真正了解天文的人，但大多数还是抱着一颗好奇的心前来的，我也开展了天文知识讲座的活动，我把我所学到的都在讲座中分享给同学们。但我知道，我的水平还远远不够，于是我邀请到了前台中市天文学会理事长、被誉为"当代夸父"的杨昌炽老师，在孔目湖讲坛给全校对天文感兴趣的同学科普授课。

天文爱好者协会让我发展兴趣爱好的同时交到了一群志同道合的朋友，让我有了一个更好锻炼自我的平台，策划活动、准备活动、组织活动，在活动中学习更多天文知识，也科普更多天文知识。我也不断地在花椒这片星空下"聚光"，四年来，我始终保持班级第一、年级前列，我获得了国家奖学金、校长奖学金等荣誉，我想：与时间赛跑可能不是我的劣势，而是我的优势。

发光，向上向善

如果问我这场患病经历除了给我带来了奋斗的动力还留下了什么，那我想它还在我心里种下了一颗善良的种子。

我学习能力比较强、成绩较好，常常有同学碰到难以理解的知识点都会来向我请教，同学们也常说我能把抽象的知识点讲解得通俗易懂。因此在面临期末考试的时候，为了尽可能帮助更多同学，我索性和几位学霸同学一同举办了学霸讲堂，一来帮同学们渡过难关，二来自己也能在这过程中巩固知识、温故知新。

我也知道单独几个人的力量是有限的，因此在辅导员的建议下，我们组织成立了党员先锋队，把一群乐于助人的学霸们聚集起来，每逢考试月便举行帮扶课堂，有效地降低了同学们的挂科率。现在党员先锋队在学院已经得到了制度化的延续，每年都不断有同学加入我们，每位同学都能在锻炼自我的过程中帮助到其他同学。

大二时，辅导员找到我说，我们学院青年志愿者协会对接的一个社区有个孩子因为家庭变故落下了一年多的课程，问我能否给他补习补习。了解具体情况后得知，这个孩子父亲过世了，母亲也因吸毒精神失常，现在全靠社区的叔叔阿姨帮忙照看，于是我答应了下来，每逢周末，我都去社区给他补习，我知道他也跟我一样生命中有诸多不幸，因此我尽我所能给他送去温暖、送去关怀，希望他也能树立远大的理想，以奋斗为桥，渡过生命中的深谷！

2018年6月18日，是个令我终生难忘的日子，经过党组织严格的考核，我加入了中国共产党。当戴上党徽的那一刻开始，我知道作为一名党员更要有责任和担当，我会尽我所能，用我所有报答所爱。接下来的一年，我担任了2018级电气3、4班带班学生党员，我常常给同学们开班会分享学习经验、生活感悟，我也经常去到寝室和自习室拉近和大家的关系以及督促大家学习，只希望他们的大学生活能在我的影响下过得更加有意义。渐渐地，和他们相处久了，他们都亲切地叫我"飞哥"，看到学弟学妹们就好像看到曾经的自己，我想我愿意做他们的灯，用我的光点燃他们心底的温暖，照亮他们前进的路。

人生没有一帆风顺，无常乃是人生常态。周国平曾说，若把人生感受视为宝贵财富，那么欢乐和痛苦都是收入，化命运打击为心灵收获，那我们就有无穷无尽的生命力了。与诸君共勉。

个人答辩，请扫二维码

做平凡人中的不平庸者

熊若曲

熊若曲，女，汉族，中共党员，华东交通大学经济管理学院会计学专业2020届毕生。

2019年度华东交通大学"闪耀花椒"校长奖学金提名奖获得者。成绩优异，大一、大三两年综测成绩位列专业第一，获2019年度国家奖学金。累计获得数十项国家级、省部级及校级奖项。获第十六届"挑战杯"国家一等奖，全国大学生英语竞赛特等奖一次、一等奖两次，第二十届全国大学生英语演讲比赛二等奖。在校期间，发表2篇核心期刊论文，获2篇重点刊物论文、2项实用新型专利、1项软件著作权登记。7分通过雅思，599分通过六级，通过9门ACCA。曾任经济管理学院院新闻部部长、2016级会计二班团支书、校爱心社干事等。以全院综合第二的成绩保研至中南财经政法大学会计学院深造。

规划走在前，人生不设限

高考失利，与理想学校失之交臂的我终日在自我怀疑中度日，父母以及学长学姐的不断开导和教育让我明白了"努力，从来都不会被辜负。人生的重要节点远不止高考一个"。于是我鼓起干劲，为大学的生活提前进行规划。

我是如此规划大学生活的：大一时计划全心全意学习，打好专业基础，考证也不能落下，同时积极参与学生工作；大二时，学习一门双学位，体验多彩的校园生活，参加学科竞赛，不给青春留遗憾；大三时要把精力转移到科研上，力求做出一些成绩。

担任新闻部部长时，我定期培训干事、组织学院每一次活动的新闻宣传报道，一遍遍打磨新闻稿、一次次投稿，为学院的宣传工作贡献自己微薄的力量；在爱心社时，我定期前往子弟小学、仁爱之家支教，去敬老院探望老人，向社会传递青年的爱心和使命担当；全英文的证书考试、期中期末考试接踵而至，自习室、图书馆有了我常驻的身影。奔波在学习、比赛和学生工作中，想把工作每一件事情做到尽善尽美但同时又要考证、学习专业知识和二专知识、准备比赛，我有时感到力不从心，因为过大的压力而一度神经紧张。但是我清楚地知道自己身上的责任和梦想的力量，欲戴皇冠、必承其重，往往是崩溃之后我又安慰自己成功路上从不会一帆风顺，再坚持一下。回想一下，是努力得到的结果、高分通过的考试、服务人群满意的微笑支撑着我，是一路遇到的挫折，让我认清自我、不断打磨棱角、坚定意志，从而更好地向前进，痛苦和喜悦交织，谱写了精彩的大学生活。

室友们都戏称我是"不着寝"的大忙人，有时我也会质疑自己努力的意义和方向，但是同时拥有多个方向并不是无头苍蝇乱撞般的瞎忙活，而是在充分利用时间的情况下多尝试、多体验，学生工作、社团实践、科研比赛从高效学习、人际交往、时间规划、团队协作等各个方面提升了我的能力，这些宝贵的能力说不定会在未来的某一个机会前，让我从旁人中脱颖而出。也是因为前期的努力，我才能够成功保研，在大家绷紧神经忙着考研、考公、找工作的时候放松一小会儿。

回顾我的大学生活，我的成长轨迹与最初的规划相差无几，是清晰的规划，后期脚踏实地朝着既定目标一步步迈进，让我不至于荒废了大好时光，在花椒这片肥沃的土地完成了自己想要做的事情。给自己的规划看起来设定了许多条条框框，但其实是靠这样的目的性和自律性，我才真正获得了自由和动力。因为只有规划明确，才能不让迷茫和混沌限制自己的人生。

科研路漫漫，上下而求索

占据我大学生活最多，我最热爱，同时也是给我带来最大满足感的莫过于科研和比赛了。

初涉科研领域，文章撰写的过程充分锻炼了我的分析重构与总结归纳能力；和老师和前辈的交流探讨也让我对相关研究有了更深入的思考。论文引导我走进科研，走进经济与管理，经商道之理，会财务之计，获得了成就感，同时也帮助我站得更高，促使我去了解和论文相关的其他方向。从最开始的科研小白，在繁杂庞大的文献和晦涩难懂的课题研究中，找到了自己的节奏，甚至开始体会到科研的乐趣，这其中是一次又一次不断自我挑战的结果。

与团队一起创造、打磨的项目"中国高铁走出去的知识产权风险调查研究"获得了第十六届挑战杯国家一等奖，实现了历史性突破。项目从一个小小的创意点不断壮大，丰富内容，产出成果，一路经重重考验，在省赛之后获得了国赛的比赛资格。面对已经稳得的国家二等奖和当时看来不可能获得的国家一等奖，团队成员面临了抉择。为了一点点的希望和不甘心放弃的决心，为了为学校争夺荣誉，我们再次鼓起干劲。一次次组会讨论，在原有的内容上不断精雕细琢，追求能做到的最好；前往北京比赛的前期，我们开会讨论、模拟答辩的频率一度高达一天一次，针对每一个小小的问题都不断细抠和改善；物资准备细致到文本打印、海报印刷和一系列文创产品。不仅是周末，国庆时团队成员都没有停下过，大家纷纷退掉回家的机票、高铁票自愿留校。当时的我刚刚收到心仪学校面试失利的消息，焦头烂额地为另一次笔面试做准备。但是一想到每一个人都在尽力为我们的比赛贡献着力量，我每天仍抽出时间开会和打磨项目，熬到深夜也是常态。

在比赛中我与更多不同专业的同学交流，和他们讨论也是一件很有趣的事情，每个专业的同学都会从不同的角度看待一个问题，这也是一个学科交叉、思维碰撞的思辨过程。团队中学长学姐的优秀、学弟学妹不断努力的激情督促着我不断前进，长期的合作也让大家建立了深厚的友情。"千里马常有，而伯乐不常有"，我们的指导老师顶着科研压力，一路陪伴着我们，一步步亲自培育指导比赛项目以及每一个人。大家在老师的指导下不断地交流、思维碰撞，每个人各抒己见，为着共同的目标努力，是我的大学生活中最熠熠生辉、值得怀念的日子，它也会在岁月长河里闪着光芒，给予我动力和方向。

拥多元成长，勤奋浇筑希望

除了双创赛事，我还获会计案例分析大赛二等奖、ACCA就业能力大比拼华东赛区12强、英语演讲比赛全国二等奖等等荣誉。在学习好本专业知识的同时，我同时兼顾了英语的技能和法学双学位。多元发展的初衷在于专业老师所说的"复合型人才，才是未来的发展趋势"，全面多元发展，开创多维潜能。多元发展并不意味着顾此失彼，而是相辅相成。优良的英语能力助我阅读翻译最新行业的资讯和最前沿的论文；法律知识让我从严谨的另一视角对会计法规、税法等专业知识的了解更加深入。

我学习英语的方法是督促自己参加比赛、准备证书考试，不断与优秀的人交流学习，其中最坎坷的经历是参加全国大学生英语竞赛。大一时以一名之差与省赛失之交臂；大二时顺利入围省赛，却在听力考试时遭遇耳机损坏的意外，与国赛失之交臂。大三时面临升学压力时，我想过放弃最后的机会，但是英语老师一直鼓励我勇敢尝试并细致指导。根据以往比赛失败总结的教训，凭借经验和充分的准备，最终愈挫愈勇的我顺利获得了全国特等奖，代表学校前往长春参加全国总决赛。面对来自各个语言类高校年级较高英语专业的数百位优秀学生，以及从未尝试的即兴演讲形式，我将压力转化为动力和为学校争光的信念，自信地站上舞台展现自己，最终获得了全国二等奖的好成绩。这一次，我终于品尝到了持之以恒努力过后来自成功的馈赠，成功的真谛从来都不是幸运，而是一次次汗水和坚持浇筑出的希望。

人不可能一直都处于一种低谷的环境中，生活就是有起有落，有可能在低谷很久才能有所好转，但是只要把困难的时间熬过去，胜利也就指日可待。和一群有着相似精神价值追求的人在一起，做一些颇有意义的事情，这是缤纷的交大给予我的无与伦比的体验。一次次比赛获得的远远不止是奖项或荣耀，而是一次次磨砺、学习、提升的过程，让我收获了良师益友。

因为三年如一日，因为坚持和努力，因为永不退缩，所以未来的生活才更值得期待。我的成长之路很平凡，很多人也有诸多相似的经历，我只是千千万万花椒人中普通的一名。每个人都是平凡的人，然而我们都应该相信自己的潜力，为以后的机会积极做准备，努力去做平凡人中的不平庸者，去完成理想或是以自己的微薄力量为社会做出贡献。不问收获，但问耕耘，不让未来的自己怨恨曾经庸庸碌碌的自己，终有一天你将会收获胜利的果实。

个人答辩，请扫二维码

在花椒遇见更好的自己

梅玉欣

梅玉欣，女，汉族，江西南昌人，华东交通大学外国语学院翻译专业2020届毕业生。

2019年华东交通大学"闪耀花椒"校长奖学金获得者。学习成绩优异，均学分绩点排名年级第一，获校长奖学金、国家奖学金、校特等奖学金。获2018年全国大学生英语竞赛全国特等奖（全省专业组第一名）、第二届广东国际辩论赛三等奖、21世纪·英语演讲比赛省一等奖、"外研社杯"阅读大赛省二等奖等40余项奖项荣誉。积极参与校内外实践，曾任华东交通大学校广播站英语播音组长，校英语辩论队队长，2019年南昌高新国际半程马拉松组委会翻译，2018年江西网球公开赛志愿者翻译，参与一项省级研究生优质课程课题建设，一项校级课程改革项目。获"泰豪之星·十佳大学生"，校"三好学生"，全省高校英语演讲比赛优秀志愿者等荣誉称号。现保送至外交学院攻读硕士研究生学位。

融会贯通：思维开阔，全面学习

高中时我学习的是理科，出于对英语的热爱而在大学选择了翻译这一文科专业。文理之间的跨度在一开始的学习过程中带来了一定阻力。古代汉语这门课上，老师留了一项作业：畅想两个不同时代的历史人物相遇时的情景。这项让当时的我无比头疼的作业，在高中学文的同学眼里却不过小菜一碟。我花费一个星期苦苦思索才完成，而她们普遍只用了一两天的时间。作业批改下来后，我借来了班上的优秀范文，不得不承认，有文科背景的同学语言文字功底更深，人文素养更高，对历史等人文方面的内容理解也比较透彻。为了写作业不那么痛苦和费时，也为了追上大家，课余我花费不少时间在图书馆补习文科知识。我意外地发现，当和其他同学探讨同一人物或历史事件时，我们思考的角度很不一样，观点也很不同。值得高兴的是我的论点常被称赞更有逻辑性。确实，当理科生的逻辑思维能力用在文科专业上，我便能从另一个角度进行思考，大大促进了同一内容的多维理解与吸收，使学习的过程更加高效，使我受益良多。

英语学习也同样是多维的，涉及的内容并没有明确的学科界限。在一场阅读比赛中，在考场上我惊喜地发现，记忆深处有关细胞的高中生物知识竟然能在几年后的英语考试里派上用场；在完成作文作业时，描述未来世界则是受《三体》和上一周看过的对高科技发展的社评的启发；快速理解口译课堂练习的印度种姓制度，恰好在某天吃早点听BBC（英国广播公司）的社科听力时了解了大概。经历这些"巧合"后，我对学科知识相互贯通的感受更深了，多维思考的方式也深深烙印在我的英语学习过程之中。

心怀热忱：投入热情，收获成长

我很喜欢陶渊明的一句诗句："及时当勉励，岁月不待人。"一直以来，这也是我的座右铭。大一刚入校时，在全新的大学环境里，我感到有些陌生和拘谨。就像第一次去英语角时，面对那么多陌生的面孔，嗓子里想说的英语紧张得卡住了。然而，英语专业的学习常常需要大胆表现自己，除了课堂上有很多互动和展示，作业的形式也五花八门：翻译歌词并课上表演、反串表演课文片段、录制英文播音节目等等，对当时的我来说都是不小的挑战。但是，在一次班会上，辅导员说了这样一句话："学英语就是要将脸皮丢在门外。"这给我很大的触动。落落大方地展示自己，不论做好了还是有遗憾，都是努力抓住机会去学习和提高自己。在这样的信念之下，我放下了自己的胆怯，跟着老师努力练习，珍惜一切在课堂上发言的机会；课余则要求自己参加各种英语竞赛。大一还处在积累时期，比赛成绩不够理想，去比赛常常是去"当炮灰"，膜拜高年级"大神"的风采。在失败中，我总结经验、汲取教训，再加上老师的悉心指导，终于开始在一些比赛中取得了好成绩。

大二暑假，我从五十多名面试者中被选中，成为2018年江西网球公开赛唯一一名翻译志愿者。比赛期间，我每天都要独自翻译赛程及赛况，发送给部门里其他人去编辑各平台的宣传内容；更新英文网站上的赛况和赛表；偶尔还要帮忙和外国技术人员沟通。由于当时只有我一名翻译志愿者，所以任务比较艰巨；再加上更新英文赛表需要等到当天最后一场比赛结束、中文结果出了之后再进行翻译，可以说是所有部门里最后一个结束工作的。

那段时间里每天的任务对我来说都像一场加长版英语全科考试：听、说、读、写、译，混合在一起，从早考到晚，让我常常觉得自己的知识储备不够用。这段实战经历让我深感英语学习是综合性的，要想真正运用好就要能够把各种能力结合起来，而扎实的能力来自坚实的专业知识基础。带着"学好专业知识就要将其渗透进自己生活的方方面面"的想法，翻译逐渐对我而言不再是一门科目，而是一项越用越熟练的工具，通过它能看到更广阔的世界，了解更多元的视角。

但在这期间我也逐渐意识到一个问题。作为网球公开赛的翻译志愿者，接触的材料和需要翻译的内容常常涉及很多专业术语。为了能顺利完成任务，我必须先学习一些相关知识。比起概括地称为"翻译"，我似乎更像是"网球比赛的英文编辑"。同样的，在新媒体部里，一件任务可以细分成很多部分，交给不同的人完成，比如一条双语微博的成功发送要靠记者、摄影、翻译、运营四个岗位的人共同完成。世界上的专业分工更是丰富多样，并且各自发挥着各自的社会职能。时代对专业的需求是适时更新的；而专业"百花齐放，百家争鸣"的局面，也正是因为当今的知识日趋细分化，社会的专业化水平越来越高。所以，若自己未来从事翻译行业，还需要将其和具体某个学科结合起来，在该领域里深耕，与时俱进，才能符合行业和社会发展的需求。

走出国门：遇见世界，遇见自己

大三暑假，我作为"泰豪之星·十佳大学生"前往泰国和马来西亚游学。历经12天，走过2个国家，4所高校，1家企业，在接受东南亚知名学府的文化洗礼的同时，也进一步感受了中国企业的异国崛起。在一路走、一路看、一路思考、一路学习之中，我切身体会到了"很多重要的东西在学校里学不到"这个道理。

在泰国的一天晚上，我和三名同学乘坐出租车返回住处。我们开心地聊着当天的所见所闻，深深为异国风情和文化所吸引。可是也正是在大家兴致高涨、忘记周遭环境时，司机突然开口，用蹩脚的英语问我们是不是中国人。当得到肯定回答后，他突然把车停下了，此时我们才发现走的路并不是去时的同一条路，而是在远离闹市的陌生地段。司机又嘟嘟囔囔说了一大段。其他同学没有听懂他的口音，但是我听明白了：司机报了一个高价，威胁我们不给就得原地下车。我立刻说："Yes, we are Chinese, and we deserve to be treated fairly." 我强压着怒火和他理论了一番，心想：觉得我们是中国人就可以随便欺负吗？今天无论如何也不能让他得逞，不能丢中国人的脸。司机大概没想到刚才一直说中文的人里有人可以用流利的英语气势汹汹地跟他理论，加上自己理亏，便没有吭气。沉默了一阵后，他终于将车开回大路上，抵达目的地后按计价表收了车费。

这件事让我思考了很多。或是祖国的快速崛起让人眼红嫉妒了，或是因为刻板印象让人产生误会了，国人在外仍会受到偏见、歧视，乃至堂而皇之的不公待遇。让所有中国人在异国他乡无须捍卫权益而受到尊重，依然任重道远，每个人都有责任和义务为祖国树立好形象。而我学的专业正好与世界的交流紧密相连。亲身经历了这样的不公正之后，我想要让专业知识有更大的用武之地。于是在推免时我选择去考外交学院的英语口译专业，并且幸运地上岸了。泰国游学小插曲，正是我想要用语言的力量为祖国发声的起点，也在冥冥之中为我未来求学道路确定了方向。

饮水思源：花椒芬芳，传遍天下

　　《圣经·旧约·创世记》第11章记载，当时人类联合起来兴建希望能通往天堂的巴别塔。为了阻止人类的计划，上帝让人类说不同的语言，使人类相互之间不能沟通，计划因此失败。翻译是为了打破国界，是不同文化交流与沟通的媒介，各民族相互学习、共同发展，因此才成为现实；然而，译员是有国籍的。外交译员肩负着捍卫民族气节和祖国尊严的责任。因此，我的使命将是将个人梦融进中国梦，以国家发展使命为导向，为建造现代巴别塔添砖加瓦。

　　在交大的四年里，我获得了充足的养分和自由的空间尽情成长。未来，我仍是求真务实的交大人，仍要怀民族复兴的报国志，有饮水思源的感恩心，走风雨兼程的自强路。在交大浇灌出的花朵，将为更广阔的天地传播芬芳。今天，你是我们的骄傲；明天，我们是你的荣耀！

个人答辩，请扫二维码